定位经典丛书

对美国营销影响巨大的观念

显而易见

终结营销混乱

IN SEARCH OF THE OBVIOUS

The Antidote for Today's Marketing Mess

[美] 杰克·特劳特（Jack Trout）著

邓德隆 火华强◎译

经典重译版

机械工业出版社
CHINA MACHINE PRESS

图书在版编目（CIP）数据

显而易见：终结营销混乱（经典重译版）/（美）杰克·特劳特（Jack Trout）著；邓德隆，火华强译．—北京：机械工业出版社，2017.9（2023.7 重印）
（定位经典丛书）
书名原文：In Search of the Obvious: The Antidote for Today's Marketing Mess

ISBN 978-7-111-57995-3

Ⅰ. 显…　Ⅱ. ①杰…　②邓…　③火…　Ⅲ. 营销战略　Ⅳ. F713.50

中国版本图书馆 CIP 数据核字（2017）第 220261 号

北京市版权局著作权合同登记　图字：01-2014-0478 号。

Jack Trout. In Search of the Obvious: The Antidote for Today's Marketing Mess.

ISBN 978-0-470-28859-7

显而易见：终结营销混乱（经典重译版）

出版发行：机械工业出版社（北京市西城区百万庄大街 22 号　邮政编码：100037）

责任编辑：董凤凤	责任校对：李秋荣
印　　刷：固安县铭成印刷有限公司	版　　次：2023 年 7 月第 1 版第 14 次印刷
开　　本：170mm×242mm　1/16	印　　张：14.75
书　　号：ISBN 978-7-111-57995-3	定　　价：69.00 元

客服电话：（010）88361066　68326294

献　　给

理查德·马吉奥

把《显而易见：终结营销混乱》推介给我的人

目录

致中国读者

中国正处在一个至关重要的十字路口上。制造廉价产品已使中国有了很大的发展，但上升的劳动力成本、环境问题以及对创新的需求都意味着重要的不是制造更廉价的产品，而是更好地进行产品营销。只有这样，中国才能赚更多的钱，才能在员工收入、环境保护和其他方面进行更大的投入。这意味着中国需要更好地掌握如何在顾客和潜在顾客的心智中建立品牌和认知，如何应对国内及国际上无处不在的竞争。

这也正是我的许多书能够发挥作用的地方。它们都是关于如何通过在众多竞争者中实现差异化来定位自己的品牌；它们都是关于如何保持简单、如何运用常识以及如何寻求显而易见又强有力的概念。总的来讲，无论你想要销售什么，它们都会告诉你如何成为一个更好的营销者。

我的中国合伙人邓德隆先生正将其中的很多理论在中国加以运用，他甚至为企业家开设了“定位”培训课程。但是，中国如果要建立自己的品牌，正如你们在日本、韩国和世界其他地方所看到的那些品牌，你们依然有很长的路要走。

但有一件事很明了：继续“制造更廉价的产品”只会死路一条，因为其他国家会想办法把价格压得更低。

杰克·特劳特

定位：第三次生产力革命

马克思的伟大贡献在于，他深刻地指出了，以生产工具为标志的生产力的发展，是社会存在的根本柱石，也是历史的第一推动力——大思想家李泽厚如是总结马克思的唯物史观。

第一次生产力革命：泰勒“科学管理”

从唯物史观看，赢得第二次世界大战（以下简称“二战”）胜利的关键历史人物并不是丘吉尔、罗斯福与斯大林，而是弗雷德里克·泰勒。泰勒的《科学管理原理》[⊖]掀起了人类工作史上的第一次生产力革命，大幅提升了体力工作者的生产力。在泰勒之前，人类的精密制造只能依赖于能工巧匠（通过师傅带徒弟的方式进行培养，且人数不多），泰勒通过将复杂的工艺解构为简单的零部件后再组装的方式，使得即便苏格拉底或者鲁班再世恐怕也未必能造出来的智能手机、电动汽车，现

⊖ 本书中文版已由机械工业出版社出版。

在连普通的农民工都可以大批量制造出来。“二战”期间，美国正是全面运用了泰勒“更聪明地工作”方法，使得美国体力工作者的生产力爆炸式提高，远超其他国家，美国一国产出的战争物资比其他所有参战国的总和还要多——这才是“二战”胜利的坚实基础。

欧洲和日本也正是从“二战”的经验与教训中，认识到泰勒工作方法的极端重要性。两者分别通过“马歇尔计划”和爱德华·戴明，引入了泰勒的作业方法，这才有了后来欧洲的复兴与日本的重新崛起。包括20世纪80年代崛起的“亚洲四小龙”，以及今日的“中国经济奇迹”，本质上都是将体力工作者的生产力大幅提升的结果。

泰勒的贡献不止于此，根据唯物史观，当社会存在的根本柱石——生产力得到发展后，整个社会的“上层建筑”也将得到相应的改观。在泰勒之前，工业革命造成了资产阶级与无产阶级这两大阶级的对峙。随着生产力的发展，体力工作者收入大幅增加，工作强度和时间大幅下降，社会地位上升，并且占据社会的主导地位。前者的“哑铃型社会”充满了斗争与仇恨，后者的“橄榄型社会”则相对稳定与和谐——体力工作者生产力的提升，彻底改变了社会的阶级结构，形成了我们所说的发达国家。

体力工作者工作强度降低，人类的平均寿命因此相应延长。加上工作时间的大幅缩短，这“多出来”的许多时间，主要转向了教育。教育时间的大幅延长，催生了一场更大的“上层建筑”的革命——资本主义的终结与知识社会的出现。1959年美国的人口统计显示，靠知识（而非体力）“谋生”的人口超过体力劳动者，成为劳动人口的主力军，这就是我们所说的知识社会。目前，体力工作者在美国恐怕只占

10% 左右了。知识社会的趋势从美国为代表的发达国家开始，向全世界推进。

第二次生产力革命：德鲁克“组织管理”

为了因应知识社会的来临，彼得·德鲁克创立了管理这门独立的学科（核心著作是《管理的实践》及《卓有成效的管理者》[⊖]），管理学科的系统建立与广泛传播大幅提升了组织的生产力，使社会能容纳如此巨大的知识群体，并让他们创造绩效成为可能，这是人类史上第二次“更聪明地工作”。

在现代社会之前，全世界最能吸纳知识工作者的国家是中国。中国自汉代以来的文官制度，在隋唐经过科举制定型后，为知识分子打通了从最底层通向上层的通道。这不但为社会注入了源源不断的活力，也为人类创造出了光辉灿烂的文化，是中国领先于世界的主要原因之一。在现代社会，美国每年毕业的大学生就高达百万以上，再加上许多在职员工通过培训与进修，从体力工作者转化为知识工作者的人数就更为庞大了。特别是“二战”后实施的《退伍军人权利法案》，几年间将“二战”后退伍的军人几乎全部转化成了知识工作者。如果没有高效的管理，整个社会将因无法消化这么巨大的知识群体而陷入危机。

通过管理提升组织的生产力，现代社会不但消化了大量的知识群体，甚至还创造出了大量的新增知识工作的需求。与体力工作者的生

⊖ 这两本书中文版已由机械工业出版社出版。

产力是以个体为单位来研究并予以提升不同，知识工作者的知识本身并不能实现产出，必须借助组织这个“生产单位”来利用他们的知识，才可能产出成果。正是管理学让组织这个生产单位创造出应有的巨大成果。

要衡量管理学的成就，我们可以将20世纪分为前后两个阶段来进行审视。20世纪前半叶是人类有史以来最血腥、最残暴、最惨无人道的半个世纪，短短50年的时间内居然发生了两次世界大战，最为专制独裁及大规模的种族灭绝都发生在这一时期。反观“二战”后的20世纪下半叶，直到2008年金融危机为止，人类享受了长达近60年的经济繁荣与社会稳定。虽然地区摩擦未断，但世界范围内的大战毕竟得以幸免。究其背后原因，正是通过恰当的管理，构成社会并承担了具体功能的各个组织，无论是企业、政府、医院、学校，还是其他非营利机构，都能有效地发挥应有的功能，同时让知识工作者获得成就和满足感，从而确保了社会的和谐与稳定。20世纪上半叶付出的代价，本质上而言是人类从农业社会转型为工业社会缺乏恰当的组织管理所引发的社会功能紊乱。20世纪下半叶，人类从工业社会转型为知识社会，虽然其剧变程度更烈，但是因为有了管理，乃至于平稳地被所有的历史学家忽略了。如果没有管理学，历史的经验告诉我们，20世纪下半叶，很有可能会像上半叶一样令我们这些身处其中的人不寒而栗。不同于之前的两次大战，现在我们已具备了足以多次毁灭整个人类的能力。

生产力的发展、社会基石的改变，照例引发了“上层建筑”的变迁。首先是所有制方面，资本家逐渐无足轻重了。在美国，社会的主要财富通过养老基金的方式被知识员工所持有。从财富总量上看，再大的企业家（如比尔·盖茨、巴菲特等巨富）与知识员工持有的财富比较起来，也只是沧海一粟而已。更重要的是，社会的关键资源不再是资本，而是知识。社会的代表人物也不再是资本家，而是知识精英或各类顶级专才。整个社会开始转型为“后资本主义社会”。社会不再由政府或国家的单一组织治理或统治，而是走向由知识组织实现自治的多元化、多中心化。政府只是众多大型组织之一，而且政府中越来越多的社会功能还在不断外包给各个独立自治的社会组织。如此众多的社会组织，几乎为每个人打开了“从底层通向上层”的通道，意味着每个人都可以通过获得知识而走向成功。当然，这同时也意味着不但在同一知识或特长领域中竞争将空前激烈，而且在不同知识领域之间也充满着相互争辉、相互替代的竞争。

正如泰勒的成就催生了一个知识型社会，德鲁克的成就则催生了一个竞争型社会。对于任何一个社会任务或需求，你都可以看到一大群管理良好的组织在全球展开争夺。不同需求之间还可以互相替代，一个产业的革命往往来自另一个产业的跨界打劫。这又是一次史无前例的社会巨变！人类自走出动物界以来，上百万年一直处于“稀缺经济”的生存状态中。然而，在短短的几十年里，由于管理的巨大成就，人类居然可以像儿童置身于糖果店中一般置身于“过剩经济”的“幸福”状态中。然而，这却给每家具体的企业带来了空前的生存压力，如何从激烈的竞争中存活下去。人们呼唤第三次生产力革命的到来。

第三次生产力革命：特劳特“定位”

对于企业界来说，前两次生产力革命，分别通过提高体力工作者和知识工作者的生产力，大幅提高了企业内部的效率，使得企业可以更好更快地满足顾客需求。这两次生产力革命的巨大成功警示企业界，接下来他们即将面临的最重大的挑战，将从管理企业的内部转向管理企业的外部，也就是顾客。德鲁克说，“企业存在的唯一目的是创造顾客”，而特劳特定位理论，将为企业创造顾客提供一种新的强大的生产工具。

竞争重心的转移

在科学管理时代，价值的创造主要在于多快好省地制造产品，因此竞争的重心在工厂，工厂同时也是经济链中的权力中心，生产什么、生产多少、定价多少都由工厂说了算，销售商与顾客的意愿无足轻重。福特的名言是这一时代权力掌握者的最好写照——你可以要任何颜色的汽车，只要它是黑色的。在组织管理时代，价值的创造主要在于更好地满足顾客需求，相应地，竞争的重心由工厂转移到了市场，竞争重心的转移必然导致经济权力的同步转移，离顾客更近的渠道商就成了经济链中的权力掌握者。互联网企业家巨大的影响力并不在于他们的财富之多，而在于他们与世界上最大的消费者群体最近。而现在，新时代的竞争重心已由市场转移至心智，经济权力也就由渠道继续前移，转移至顾客，谁能获取顾客心智的力量，谁就能摆脱渠道商的控制而握有经济链中的主导权力。在心智时代，顾客选择的力量掌握了任何一家企业、任何渠道的生杀大权。价值的创造，一方面来自企业因为有了精准定位而能够更加高效地使用社会资源，另一方面来自顾客交易成本的大幅下降。

选择的暴力

杰克·特劳特在《什么是战略》[⊖]开篇中描述说："最近几十年里，商业发生了巨变，几乎每个品类可选择的产品数量都有了出人意料的增长。例如，在20世纪50年代的美国，买小汽车就是在通用、福特、克莱斯勒或美国汽车这四家企业生产的车型中挑选。今天，你要在通用、福特、克莱斯勒、丰田、本田、大众、日产、菲亚特、三菱、雷诺、铃木、宝马、奔驰、现代、大宇、马自达、五十铃、起亚、沃尔沃等约300种车型中挑选。"甚至整个汽车品类都将面临高铁、短途飞机等新一代跨界替代的竞争压力。汽车业的情形，在其他各行各业中都在发生。移动互联网的发展，更是让全世界的商品和服务来到我们面前。如何对抗选择的暴力，从竞争中胜出，赢得顾客的选择而获取成长的动力，就成了组织生存的前提。

这种"选择的暴力"，只是展示了竞争残酷性的一个方面。另一方面，知识社会带来的信息爆炸，使得本来极其有限的顾客心智更加拥挤不堪。根据哈佛大学心理学博士米勒的研究，顾客心智中最多也只能为每个品类留下七个品牌空间。而特劳特先生进一步发现，随着竞争的加剧，最终连七个品牌也容纳不下，只能给两个品牌留下心智空间，这就是定位理论中著名的"二元法则"。在移动互联网时代，特劳

⊖ 本书中文版已由机械工业出版社出版。

特先生强调“二元法则”还将演进为“只有第一，没有第二”的律则。任何在顾客心智中没有占据一个独一无二位置的企业，无论其规模多么庞大，终将被选择的暴力摧毁。这才是推动全球市场不断掀起并购浪潮的根本力量，而不是人们通常误以为的是资本在背后推动，资本只是被迫顺应顾客心智的力量。特劳特先生预言，与未来几十年相比，我们今天所处的竞争环境仍像茶话会一般轻松，竞争重心转移到心智将给组织社会带来空前的紧张与危机，因为组织存在的目的，不在于组织本身，而在于组织之外的社会成果。当组织的成果因未纳入顾客选择而变得没有意义甚至消失时，组织也就失去了存在的理由与动力。这远不只是黑格尔提出的因“历史终结”带来的精神世界的无意义，而是如开篇所引马克思的唯物史观所揭示的，关乎社会存在的根本柱石发生了动摇。

走进任何一家超市，或者打开任何一个购物网站，你都可以看见货架上躺着的大多数商品，都是因为对成果的定位不当而成为没有获得心智选择力量的、平庸的、同质化的产品。由此反推，这些平庸甚至是奄奄一息的产品背后的企业，及在这些企业中工作的人们，他们的生存状态是多么地令人担忧，这可能成为下一个社会急剧动荡的根源。

吊诡的是，从大数据到人工智能等科技创新不但没能缓解这一问题，反而加剧了这种动荡。原因很简单，新科技的运用进一步提升了组织内部的效率，而组织现在面临的挑战主要不在内部，而是外部的失序与拥挤。和过去的精益生产、全面质量管理、流程再造等管理工具一样，这种提高企业内部效率的“军备竞赛”此消彼长，没有尽头。

如果不能精准定位，企业内部效率提高再多，也未必能创造出外部的顾客。

新生产工具：定位

在此背景下，为组织准确定义成果、化“选择暴力”为“选择动力”的新生产工具——定位（positioning），在1969年被杰克·特劳特发现，通过大幅提升企业创造顾客的能力，引发第三次生产力革命。在谈到为何采用“定位”一词来命名这一新工具时，特劳特先生说：“《韦氏词典》对战略的定义是针对敌人（竞争对手）确立最具优势的位置（position）。这正好是定位要做的工作。”在顾客心智（组织外部）中针对竞争对手确定最具优势的位置，从而使企业胜出竞争赢得优先选择，为企业源源不断地创造顾客，这是企业需全力以赴实现的成果，也是企业赖以存在的根本理由。特劳特先生的核心著作是《定位》[一]《商战》[二]和《什么是战略》，我推荐读者从这三本著作开始学习定位。

定位引领战略

1964年，德鲁克出版了《为成果而管理》[三]一书，二十年后他回忆说，其实这本书的原名是《商业战略》，但是出版社认为，商界人士并不关心战略，所以说服他改了书名。这就是当时全球管理界的真实状况。然而，随着前两次生产力革命发挥出巨大效用，产能过剩、竞争空前加剧的形势，迫使学术界和企业界开始研究和重视战略。一时

[一][二][三] 这三本书中文版已由机械工业出版社出版。

间，战略成为显学，百花齐放，亨利·明茨伯格甚至总结出了战略学的十大流派，许多大企业也建立了自己的战略部门。战略领域的权威、哈佛商学院迈克尔·波特教授总结了几十年来的研究成果，清晰地给出了一个明确并且被企业界和学术界最广泛接受的定义："战略，就是创造一种独特、有利的定位。""最高管理层的核心任务是制定战略：界定并宣传公司独特的定位，进行战略取舍，在各项运营活动之间建立配称关系。"波特同时指出了之前战略界众说纷纭的原因，在于人们未能分清"运营效益"和"战略"的区别。提高运营效益，意味着比竞争对手做得更好；而战略意味着做到不同，创造与众不同的差异化价值。提高运营效益是一场没有尽头的军备竞赛，可以模仿追赶，只能带来短暂的竞争优势；而战略则无法模仿，可以创造持续的长期竞争优势。

定位引领运营

企业有了明确的定位以后，几乎可以立刻识别出企业的哪些运营动作加强了企业的战略，哪些运营动作没有加强企业的战略，甚至和战略背道而驰，从而做到有取有舍，集中炮火对着同一个城墙口冲锋，"不在非战略机会点上消耗战略竞争力量"（任正非语）。举凡创新、研发、设计、制造、产品、渠道、供应链、营销、投资、顾客体验、人力资源等，企业所有的运营动作都必须能够加强而不是削弱定位。

比如美国西南航空公司，定位明确之后，上下同心，围绕定位建立了环环相扣、彼此加强的运营系统：不提供餐饮、不指定座位、无行李转运、不和其他航空公司联程转机、只提供中等规模城市和二级机场之间的短程点对点航线、单一波音737组成的标准化机队、频繁可靠的班次、15分钟泊机周转、精简高效士气高昂的员工、较高的薪酬、灵活的工会合同、员工持股计划等，这些运营动作组合在一起，夯实了战略定位，让西南航空能够在提供超低票价的同时还能为股东创造丰厚利润，使得西南航空成为一家在战略上与众不同的航空公司。

所有组织和个人都需要定位

定位与管理一样，不仅适用于企业，还适用于政府、医院、学校等各类组织，以及城市和国家这样的超大型组织。例如岛国格林纳达，通过从“盛产香料的小岛”重新定位为“加勒比海的原貌”，从一个平淡无奇的小岛变成了旅游胜地；新西兰从“澳大利亚旁边的一个小国”重新定位成“世界上最美丽的两个岛屿”；比利时从“去欧洲旅游的中转站”重新定位成“美丽的比利时，有五个阿姆斯特丹”等。目前，有些城市和景区因定位不当而导致生产力低下，出现了同质化现象，破坏独特文化价值的事时有发生……同样，我们每个人在社会中也一样面临竞争，所以也需要找到自己的独特定位。个人如何创建定位，详见“定位经典丛书”之《人生定位》[⊖]，它会教你在竞争中赢得雇主、上司、伙伴、心上人的优先选择。

定位客观存在

事实上，已不存在要不要定位的问题，而是要么你是在正确、精

⊖ 本书中文版已由机械工业出版社出版。

准地定位，要么你是在错误地定位，从而根据错误的定位配置企业资源。这一点与管理学刚兴起时，管理者并不知道自己的工作就是做管理非常类似。由于对定位功能客观存在缺乏“觉悟”，即缺乏自觉意识，企业常常在不自觉中破坏已有的成功定位，挥刀自戕的现象屡屡发生、层出不穷。当一个品牌破坏了已有的定位，或者企业运营没有遵循顾客心智中的定位来配置资源，不但造成顾客不接受新投入，反而会浪费企业巨大的资产，甚至使企业毁灭。读者可以从“定位经典丛书”中看到诸如 AT&T、DEC、通用汽车、米勒啤酒、施乐等案例，它们曾盛极一时，却因违背顾客心智中的定位而由盛转衰，成为惨痛教训。

创造“心智资源”

企业最有价值的资源是什么？这个问题的答案是一直在变化的。100 年前，可能是土地、资本；40 年前，可能是人力资源、知识资源。现在，这些组织内部资源的重要性并没有消失，但其决定性的地位都要让位于组织外部的心智资源（占据一个定位）。没有心智资源的牵引，其他所有资源都只是成本。企业经营中最重大的战略决策就是要将所有资源集中起来抢占一个定位，使品牌成为顾客心智中定位的代名词，企业因此才能获得来自顾客心智中的选择力量。所以，这个代名词才是企业生生不息的大油田、大资源，借用德鲁克的用语，即开启了“心智力量战略”（mind power strategy）。股神巴菲特之所以几十年都持有可口可乐的股票，是因为可口可乐这个品牌本身的价值，可口可乐就是可乐的代名词。有人问巴菲特为什么一反“不碰高科技股”的原则而购买苹果的股票，巴菲特回答说，在我的孙子辈及其朋友的心智中，iPhone 的品牌已经是智能手机的代名词，我看重的不是市场份额，而是心智份额（大意，非原语）。对于巴菲特这样的长期投资者而言，企业强大的心智资源才是最重要的内在价值及“深深的护城河”。

衡量企业经营决定性绩效的方式也从传统的财务盈利与否，转向为占有心智资源（定位）与否。这也解释了为何互联网企业即使不盈利也能不断获得大笔投资，因为占有心智资源（定位）本身就是最大的成果。历史上，新生产工具的诞生，同时会导致新生产方式的产生，这种直取心智资源（定位）而不顾盈利的生产方式，是由新的生产工具带来的。这不只发生在互联网高科技产业，实践证明传统行业也完全适用。随着第三次生产力革命的深入，其他产业与非营利组织将全面沿用这一新的生产方式——第三次“更聪明地工作”。

伟大的愿景：从第三次生产力革命到第二次文艺复兴

第三次生产力革命将会对人类社会的“上层建筑”产生何种积极的影响，现在谈论显然为时尚早，也远非本文、本人能力所及。但对于正大步迈入现代化、全球化的中国而言，展望未来，其意义非同一般。我们毕竟错过了前面两次生产力爆炸的最佳时机，两次与巨大历史机遇擦肩而过（万幸的是，改革开放让中国赶上了这两次生产力浪潮的尾声），而第三次生产力浪潮中国却是与全球同步。甚至，种种迹象显示：中国很可能正走在第三次生产力浪潮的前头。继续保持并发展这一良好势头，中国大有希望。李泽厚先生在他的《文明的调停者——全球化进程中的中国文化定位》一文中写道：

注重现实生活、历史经验的中国深层文化特色，在缓和、解决全球化过程中的种种困难和问题，在调停执着于一神教义的各宗教、文化的对抗和冲突中，也许能起到某种积极作用。所以我曾说，与亨廷顿所说相反，中国文明也许能担任基督教文明与伊斯兰教文明冲突中的调停者。当然，这要到未来中国文化的物质力量有了巨大成长之后。

随着生产力的发展，中国物质力量的强大，中国将可能成为人类文明冲突的调停者。李泽厚先生还说：

中国将可能引发人类的第二次文艺复兴。第一次文艺复兴，是回到古希腊传统，其成果是将人从神的统治下解放出来，充分肯定人的感性存在。第二次文艺复兴将回到以孔子、庄子为核心的中国古典传统，其成果是将人从机器的统治下（物质机器与社会机器）解放出来，使人获得丰足的人性与温暖的人情。这也需要中国的生产力足够发展，经济力量足够强大才可能。

历史充满了偶然，历史的前进更往往是在悲剧中前行。李泽厚先生曾提出一个深刻的历史哲学：历史与伦理的二律背反。尽管历史与伦理二者都具价值，二者却总是矛盾背反、冲突不断，一方的前进总要以另一方的倒退为代价，特别是在历史的转型期更是如此。正是两次世界大战付出了惨重的伦理道德沦陷的巨大代价，才使人类发现了泰勒生产方式推动历史前进的巨大价值而对其全面采用。我们是否还会重演历史，只有付出巨大的代价与牺牲之后才能真正重视、了解定位的强大功用，从而引发第三次生产力革命的大爆发呢？德鲁克先生的实践证明，只要知识阶层肩负起对社会的担当、责任，我们完全可以避免世界大战的再次发生。在取得这一辉煌的管理成就之后，现在再次需要知识分子承担起应尽的责任，将目光与努力从组织内部转向组织外部，在顾客心智中确立定位，引领组织内部所有资源实现高效配置，为组织源源不断创造顾客。

现代化给人类创造了空前的生产力，也制造了与之偕来的种种问题。在超大型组织巨大的能力面前，每一家小企业、每一个渺小的个人，将如何安放自己，找到存在的家园？幸运的是，去中心化、分布式系统、网络社群等创新表明，人类似乎又一次为自己找到了进化的方向。在秦制统一大帝国之前，中华文明以血缘、家族为纽带的氏族部落体制曾经发展得非常充分，每个氏族有自己独特的观念体系："民为贵""以义合""合则留，不合则去"等。不妨大胆地想象，也许未来的社会，将在先进生产力的加持下，呈现为一种新的"氏族社会"，每个人、每个组织都有自己独特的定位，以各自的专长、兴趣和禀赋为纽带，逐群而居，"甘其食，美其服，安其居，乐其俗"，从而"各美其美，美人之美，美美与共，天下大同"。人类历史几千年的同质性、普遍性、必然性逐渐终结，每个个体的偶发性、差异性、独特性日趋重要，如李泽厚先生所言："个体积淀的差异性将成为未来世界的主题，这也许是乐观的人类的未来，即万紫千红百花齐放的个体独特性、差异性的全面实现。"在这个过程中，企业也将打破千篇一律的现状，成为千姿百态生活的创造者，生产力必然又一次飞跃。

人是目的，不是手段。这种丰富多彩、每个个体实现自己独特创造性的未来才是值得追求的。从第三次生产力革命到第二次文艺复兴，为中国的知识分子提供了一个创造人类新历史的伟大愿景。噫嘻！高山仰止，景行行止，壮哉伟哉，心向往之……

邓德隆

特劳特伙伴公司全球总裁

写于2011年7月

改于2021年11月

译者序

竞争的全球化、日新月异的科技、越来越挑剔的顾客，让企业的管理者面临空前巨大的压力。如何在日益复杂的商业环境中保持企业的竞争力，如何更好地营销、打造品牌？在这本书里，特劳特先生将为你拨开迷雾，揭开关于企业战略、营销、广告以及品牌打造的重重陷阱，让一切回归简单本质。

把简单的东西复杂化，是造成营销混乱的罪魁祸首，用“显而易见”的常识思考商业世界的真相，则是终结营销混乱的解决方案。

为何企业应该寻找“显而易见”呢？一切要从“定位”（positioning）说起。1969 年，特劳特先生第一个提出了定位观念。他发现，商业竞争的真正战场是在顾客的心智中，要赢得心智之战的胜利就必须要定位。可以说，定位是一项把顾客心智的运作规律应用在企业战略和营销中的独特技术。40 年来，特劳特先生深入各行各业，用定位帮助成百上千的企业解决了战略、营销和品牌打造的课题。定位理论已走出美国，在全球得到了广泛应用和实践，发展成一门成熟的学科。作为定位理论在中国的实践者，我认为定位是商业史上最重大的发现，特劳特先生完全有资格获得商业上的“诺贝尔奖”。

显而易见正是定位的本质。显而易见，意味着顾客的心智能理解你、认同你，进而选择你的产品和服务。显而易见，也意味着你的员工和合作伙伴能理解、认同你的战略和营销方案，进而执行到位。当你从普通顾客的角度，用显而易见的常识来思考时，就很容易发现一些简单而有效的解决之道。比如，通用汽车的问题是如此显而易见：雪佛兰、别克、凯迪拉克等品牌在疯狂扩展产品线后，消费者已经分不清它们之间的区别，他们又有什么理由来选择它们呢？通用汽车市场份额的节节败退，是意料之中的。通用旗下的品牌若不重新定位，给顾客提供显而易见的购买理由，那么美国政府的援救不过是一剂短期兴奋剂。对于通用汽车的问题，特劳特先生多年前就已提出，包括在本书中再次提及以示警惕。又比如，在书的末尾，特劳特披露了一段未曾公开过的咨询经历：他曾为 IBM 提出新的战略方向——“集成电脑服务”，这是 IBM 显而易见的出路，因为它符合顾客对 IBM 的既有认知：IBM 生产各种电脑产品，它应该最有能力把所有的东西整合在一起。就是这样显而易见的方向，让 IBM 这头大象可以跳舞。

显而易见，必定是简单直白的。一个简单的定位概念，因为让顾客显而易见，会释放出巨大的威力。奔驰的“尊贵”、宝马的“驾驶”，成就了两大豪华车品牌；奥巴马的“变革”，令其当选美国总统。在中国，“怕上火，喝王老吉”这样一个简单直、接的定位诉求，推动王老吉凉茶的销售额从 1 亿多元到超过 100 亿元。

本书是特劳特先生 40 年商业经验的总结，它将赋予你智慧，引导你走上正确的道路。

邓德隆

特劳特伙伴公司全球总裁

自序

忘却历史的人，必将重蹈覆辙。

——乔治·桑塔耶拿

（1863—1952）

本书包含很多商业历史，人们总是问我，为什么要拿这些过去的事来总结教训？

我回答他们，桑塔耶拿的忠告是十分重要的，因为过去会告诉你今天该做什么（越南发生的，差不多告诉了我们伊拉克会发生什么）。

在营销领域也是这样。我告诫年轻的营销人员要研究历史，不要认为今天的世界与过去有所不同。世界没什么不同，因为人性未变。

另外，由于历史的展开是缓慢的，这项研究应该着眼于长期。

为什么呢？那是因为发现真理需要时间，你要仔细地跟踪，记录结果。大部分商业决策包含太多自我意识，因此真相常被隐藏，而很少有人愿意承认自己的错误。马克·吐温曾巧妙地写道："你无法让人们完全说出实话，除非他们死了，而且死了很久。"

杰克·特劳特

前言

商业已进入竞争白热化的时代，然而本应在此时发挥至关重要作用的营销职能，却陷入混乱之中。

直到《与众不同》再版时，通过偶然接触的一些研究，我才意识到情况已经变得有多糟糕。这些研究详尽地表明，当产品品类在分化定律的作用下不断扩张时，一些糟糕的事情也会随之发生。尽管如今企业极为关注品牌打造，但越来越多的品类正陷入同质化之中。换言之，这些品类中能够很好地实现差异化的品牌越来越少。在人们心智中，这些品牌只是在那里存在着，仅此而已。你可以把它们称为占位者，像占住空房子的人一样。它们只是在那里，但并没有一个有意义的概念，让它们独一无二。

差异化当然是存在的，它的存在基于产品或服务所实际拥有的价值，包括现实或感知价值、理性或感性价值。此外，这些产品或服务要在消费者心智中占据一个真正的位置，而不只是让消费者意识到它们的存在。产品和服务在何种程度上拥有这些价值，并在消费者生活中有意义，决定了它们是否成功地区隔自己，但越来越少的产品或服务能够展现出差异化。

IN SEARCH OF THE OBVIOUS

第1章

01

寻找“显而易见”

这是本书最重要的一章。本章简单却意义深远，包含一个很少人知道的秘密。然而，对于本章的大部分内容，已经有人写过了。

每当我环游世界的时候，常被问到同一个问题："你最喜欢的书是什么？"

好吧，我把这个秘密告诉你。我读过的最好的一本关于营销的书，写于90多年前的1916年。好消息是，它只有40页，没有难懂的术语、图表或复杂的研究。事实上，它更像一本小册子。坏消息是，现在要找到它并不容易，也许已经成为收藏家的藏品了。

这本书的名字是《我怎么没想到？显而易见的商业智慧》[⊖]，作者是罗伯特·厄普德格拉夫（Robert R. Updegraff）。这本书一经推出就大受欢迎，《纽约时报》的一篇评论曾写道："想在广告业寻求成功的年轻人应该把这本书当作指南。实际上，任何一个想在自己领域中取得成功的年轻人，都能从这本小册子所展示的常识与商业智慧中受益。"

我为什么这么喜欢这本书呢？因为任何营销策略的探寻，都是在寻找显而易见。来看看在字典中"显而易见"的定义："易于理解，清晰而明显。"如此，你就明白为什么"显而易见"战略会如此强大。

⊖ 此书中文版即将由机械工业出版社出版。——译者注

它简单、容易理解，且十分明显，这就是它很有效的原因。

有趣的是，当展示一个显而易见的策略时，很多客户常常没有什么触动。他们总是期望找到一些机巧的且没那么显而易见的主意。我经常听到的是：“这些我们已经知道了，解决方案就这么简单吗？”于是我只好开始我的关于“显而易见”的演说，大意是：“您是对的，它很明显。但如果它对您很明显，对您的顾客也会同样明显，这就是它能发挥作用的原因。”

厄普德格拉夫曾对这种反应有所告诫，他写道：“麻烦在于，显而易见通常都非常简单和普通，以至于它因缺乏想象力而不那么吸引人。我们都喜欢聪明的主意和精妙的计划，它们能成为聚餐时候的谈资。对于‘显而易见’来说，问题就是它太显而易见了！”

为了让你领会一些厄普德格拉夫的智慧，这里摘录了他寻找显而易见的指导原则。

—— 显而易见的五个判断准则 ——

对于第一个准则，我借用通用汽车的工程师凯特林（Kattering）的一句话，他曾把这句话展示在位于代顿市的通用汽车研发大厦的墙上：当问题被解决时，它将会非常简单。

显而易见几乎总是简单的，它如此简单，以至于有时人们都对它熟视无睹，而如果一个观点表现得聪明、精巧或复杂的话，我们应当小心，因为它很可能不那么显而易见。

科学、艺术和世界商业发展的历史，正是人们不断偶然发现简单方法来解决复杂问题的历史。凯特林的智慧格言也许可以这么解释：“**解决之道被找到时，将是显**

而易见的。”

第二个准则是一个问题：它符合人性吗？

如果你不太确定你的想法或计划能否被亲友、邻居、同事和生活里其他形形色色的人所理解和接受，且当向他们解释你显而易见的主意时，感觉不易说清的话，那么很可能你的主意并不显而易见。

这些人看到的是简单的事实，不会受专业或技术知识影响，也不会受制于过去的经验。

总的来说，他们体现了人本性的一面，而人的本性能成就或破坏一个计划，也能让问题的解决方案无效，它才是生活、商业、科学和艺术的决定因素。

无论是向人们销售产品，赢得他们的支持，让他们跟随某个行动，或者诱导他们改变一个长期习惯，如果你做这些事的方法不合人的本性，那么你尝试达成目的的努力，就只是浪费时间、金钱和精力罢了。

公众的反应往往出奇得显而易见，因为他们心智简单、直接而且单纯。

第三个准则是：把它写下来。

用最简单的话写出你的想法、计划或项目，就像你在对一个小孩解释它一样。

你能用两三个小段落表达清楚意思吗？如果不能，而需要看上去机巧且冗长复杂的解释，那么它很可能不是显而易见的。就如前面所说的，这是因为“当你发现真正的答案时，它会是简单的”。

任何想法、计划、方案、项目，只有当它们能被普通智力的人理解和执行时，才是显而易见的。

通常当我们试图在纸上表达一个想法或概述一个计划时，它的弱点或复杂性就会自然显露出来。有时这么做会告诉你，你的想法错在哪里，并且引导你找到简单且显而易见的解决方法。把主意写下来，会很快地显示出你的想法已有什么，还缺什么。

第四个准则是：它有震撼人心的效果吗？

当你陈述想法，概述解决方案，或者讲解计划、项目或方案时，如果人们说：“为什么我们以前没有想到呢？”那么你一定会感到备受鼓舞，因为显而易见的想法很容易造成这种“震撼性”的心理反应。

在很多情况下，问题都会迎刃而解，不需要更多的解释或争论。正是因为它太显而易见了，所以不需要更多的考虑。然而尽管如此，通常比较明智的做法还是推迟一天或几天再做决定。因为有时候，一觉醒来我们才发现其中一些隐含的纰漏。

如果一个想法或提议不具备“震撼性”，如果它需要很长的解释，引发长时间的争论，那么要么它并不显而易见，要么就是你自己还没考虑清楚如何能把它简化得显而易见。

当人们了解了一个显而易见的想法时，心理的“震撼性”会在人们的话语、表情和眼神肯定中表现出来。这是检测显而易见万无一失的方法。

第五个准则是：时机成熟吗？

许多想法和计划本身虽然显而易见，但可能还不合时宜。判断时效性往往与判断想法和计划的有效性同样重要。

有时，时机可能已经错过，无法挽回了，这时要做的显而易见的事，就是忘记你的想法，而在有些情况下，时机可能还未到，这就需要耐心以及敏锐。

一家大型橡胶公司的总裁曾经向我展示过他的“未来橱柜”，里面储存了很多不同寻常且领先于时代的橡胶制品，它们全部或部分由橡胶制造。这些制品由公司的研发实验室所开发，但在当时与其他材质制成的同类产品相比太贵了。所以，它们被收到架子上，直到开发出更经济的生产方式，或者它们的竞争产品提价了，它们的价格才具有竞争力（其中一些产品如今已经成功进入市场，并非常普及了）。

仅次于第一个准则——对简单性的要求，时机也许是判断一个计划或方案是否显而易见的最重要的标准。

爱默生曾在他的日记中写道："首要的准则之一就是时机。我的邻居，一位马车制造者，整个夏天都在制作雪橇，而整个冬天都在为七八月制造轻便、艳丽的双轮马车或敞篷马车。这样的话，在新季节到来的第一天，他已经做好准备……"

做好准备就是要适时，而适时是一个显而易见的要求。

在读完这些常识后，你可能认为它对今天的时代来说太简单了。那么，本书的其他部分将会带你游历当今的商业世界，向你表明厄普德格拉夫在 1916 年写下的东西在今天仍具有十分重要的意义。事实上，考虑到如今混乱不堪的营销境况，它就显得更有意义了。但在那之前，让我们暂停一下，先讨论常识以及常识是如何帮助你寻找答案的。

常识是你的向导

亚伯拉罕·林肯曾给出一些绝妙的建议："你必须动用语言、逻辑和简单常识来确定核心问题并确立具体行动步骤。"不幸的是，企业高层在工作中总把常识抛之脑后。

常识是被所有人共享的智慧，它被公众当作显而易见的真理而接受。

简单的想法往往是显而易见的，因为会有一系列事实作为支撑。但人们不相信直觉，总觉得还有一个深藏在背后且没那么简单的答案。错！在你看来显而易见的答案，对其他人而言也会是显而易见的，这就是显而易见的方式通常能在市场中发挥良好作用的原因。

那些满嘴时髦术语的“大师们”的秘诀之一，就是将一个简单、显而易见的东西复杂化。《时代周刊》上一篇关于史蒂芬·柯维（Stephen Covey）的书评中谈到了这种现象：

他的天分在于把显而易见复杂化，其结果是他的书里充满混乱。书中充斥着图表和示意，章节被边栏和方框切成小块碎片，散乱的内容里到处是行话术语——授权、建模、建立情感联系和变革因素；如果没有了这些词，他的书就像泄了气的轮胎，而他用的感叹号简直比肥皂剧中用的还要多。

字典对“常识”的定义是：“不受情感偏见或智力因素影响的良好判断”，它也不依赖于特殊的专业技能知识。

换句话说，你看到的是事情本来的样子。你遵循客观逻辑的指引，从决定中去除感性和私心，没什么比这更简单了。

设想一下这样的场景，如果你要随机问十个人，一辆看起来像雪佛兰的凯迪拉克会好卖吗？他们几乎都会回答：“不好卖。”

这些人仅仅是在用常识来判断。他们没有数据或研究来支持其结论，也没有专业知识或敏锐的智力。对他们来说，凯迪拉克是一辆大而昂贵的汽车，而雪佛兰是小一些而没那么昂贵的汽车。他们看到的是事物本来的样子。

但在通用汽车公司，那些决策者宁愿看到他们想看到的，也不愿看到世界本来的样子。常识被忽略，因而西马龙（Cimarron）就这样问世了。不用说，它卖得不好。

通用汽车吸取教训了吗？看起来并没有。公司又推出了凯帝（Catera），另一款看起来像雪佛兰的凯迪拉克。如它的前任一样，因为毫无意义，它卖得也不好。你我都知道这个道理，但通用汽车并不想知道。

如麦吉尔大学的管理学教授亨利·明茨伯格（Henry Mintzberg）所说："管理是一种令人费解的职业，它薪酬丰厚、影响巨大，却明显缺乏常识。"

达·芬奇把人类的大脑视为通过眼睛、耳朵和其他感知器官收集信息的实验室，信息被收集后再通过常识来处理。换句话说，常识是凌驾于其他感知之上的超感知，而很多商业人士拒绝相信这种超感知。

我们也许要修正这种说法，不只是商人会忽略常识，想一下经济学家的复杂世界吧，一群工作勤奋、试图超越简单常识的人。

经济学家乐于告诫外行人，直觉往往是错误的。他们倾向于忽略人性而宣扬人的"利益最大化"。用经济学行话来说，我们会变成"自身利益的计算器"。对经济学家来说，假如我们拥有足够的信息，我们就会做出理性的决定。

任何从事过营销的人都能知道人们常常很不理性。今天，适合越野的 SUV 销售火爆，而又有多少人会真的把车驶离公路？不到 10%。人们真的需要这些车吗？不见得。那为什么要购买它们呢？因为别人都在买。理性怎么解释这件事？

这个世界无法放入到数学公式中，它太不理性了，它就是这样的。

现在来谈一谈精明的智力分析。

企业常常被有关世界未来方向的精心研究和论证哄骗而犯错（没有人真正知道未来，然而许多人以为自己知道）。这些观点被精心包装，并且常常夹杂着被伪装成事实的错误假设。

例如多年前，施乐曾因相关预测而相信，未来办公室里的所有设备——电话、计算机和复印机都将整合为一个系统（糟糕的预言）。要想参与这场市场角逐，你需要有能力提供一切设备。因此，施乐需并购或制造计算机和其他非复印机的生产设备，以便能够符合这股“办公自动化”浪潮。

施乐被告之它能够这样做，原因在于顾客把它视为一家专业的高科技公司（这是一个错误的假设），而事实上人们仅把它看作一家复印机公司。

在耗费了 25 年时间和几十亿美元后，施乐终于意识到这些关于未来办公室的预言仍在遥远的未来，而任何一台不能复印的施乐设备都陷入了麻烦之中。这就是一个用技术知识和精明的分析代替常识判断的惨痛教训。

最后，谈谈商学院教育，这些教育似乎掩盖了常识。

当商学院的学生完成第一年学业时，他们就已经掌握了那些标榜自己是未来 MBA 的名词术语，可以熟练地使用风险回报率、现金流折现和预期价值之类的术语。

再过一段时间，这些不常见的语言会压制住至关重要的思维和常识，表面上他们深思熟虑，实际上却没有进行思考。

罗斯·佩洛特（Ross Perot）在参观哈佛商学院时评论道：“你们的问题是，被你们称为‘环境扫描’的东西，我称之为‘到外面看看’。”

要想以简单的词汇、常识且朝显而易见的方向思考，你必须开始遵循下面四个指导原则：

- 摒弃自我意识。良好的判断基于现实，你越从自我的角度审视事物，就会离现实越远。
- 避免一厢情愿。我们都想要事物按照某种特定的方向发展，然而事物的发展却经常脱离我们的控制。良好的常识往往与事物发展的实际方向相一致。
- 善于聆听。常识的定义是基于他人所想，是对大多数人来说共通的想法。那些没有保持倾听的人无法获取重要的常识。
- 保有一点怀疑的态度。事物有时会呈现出与真实相反的一面。之所以经常这样，是因为总有一些人在关注自己的想法。好的常识建立在大多数人的经验之上，而不是少部分人一厢情愿的想法。

商业决策者应当相信他们的常识，因为常识将指引他们找到“显而易见”。

IN SEARCH OF THE OBVIOUS

第2章

02

通往“显而易见”的障碍

有些因素会让对显而易见的探寻变得困难，甚至不可能。这些作用力往往会阻碍清晰的思考。其中一些作用力是外部的，而一些作用力是内部的。在这些方面，你必须提前建立防范意识。

要始终由 CEO 负责

如果管理高层不参与进来，你就不会在寻找“显而易见”上取得任何进展。过去，大公司的 CEO 大多不会面临被解雇的风险，事情出错时，总有替罪羊。但如今情况完全不同了，CEO 也可能面临被解雇的命运。

这并不是一项简单的工作，这就是为什么近年来很多 CEO 都不情愿地离开了职位。真相是，很多大公司的 CEO 难以掌控公司的命运，更别说他们自己的命运了。来自世界各个角落的竞争军团前来挑战，日新月异的技术创新威胁着你的核心业务并迫使你转变。变化的节奏比以往任何时候都快。柯达的乔治·费希尔（George Fisher）曾试图适应变化，但柯达看起来并不会在数码时代获得好的发展。

CEO 们已经越来越难消化信息的洪流，并做出正确的选择了。

但这仍然是可以做到的。

生存的核心在于你要知道前进的方向，因为假如你都不知道前往何方，那么没有人会愿意跟随你（董事会、管理层和你的员工）。

许多年前，在《彼得原理》一书中，作者劳伦斯·彼得（Lawrence Peter）和雷蒙德·赫尔（Raymond Hull）做出了这样的观察：

如今，大多数公司的层级不但被规则和传统所累，而且还受制于法律，即使管理层也不必承担引导方向和控制节奏的领导责任。他们只要跟随前任，墨守成规，并站在队伍的前列就可以了。这样的所谓“引领”，就像船首的木雕，看似在引领轮船，实际上就是个摆设。

作为一个真正的领导者，在探寻“显而易见”的时候，如果说有一点是必须要理解的话，那就是：

成功与失败的关键在于顾客认知和市场机会，这一点你必须深刻领悟，即顾客心智中的认知是你成功或落败的地方。

记住，显而易见的概念必须能够撼动心智。

你不能被执行经理的华丽提案所迷惑，诸如如何制造更好的产品，利用更好的分销渠道，或者创造更好的方式来提升销售力等。你必须专注于顺应消费者的认知，而不要试图改变它。即便认知可以改变，那也是极其困难的。如果你的执行经理说它可以被改变，别相信他们。你对你的消费者或潜在顾客的心智了解得越深，遇到的麻烦就会越少。

我曾经问过一位通用汽车的前任CEO，他是否质疑过车型的快速扩张最终损害了公司各品牌所代表的意义（他是一位没有什么营销背景的财务人员）？

这个问题让他停下来沉思了一会儿。他回答说：“没有，不过回想起来，当时我确实认为车型扩张正在让顾客困惑。”他的担心是完全正确的，但他没能遵从直觉去行动。他假设他的管理层都知道自己在做什么。这已经被证明是个错误的假设，但通用汽车经过多年才察觉这个错误。这就是营销太过重要而不能交给下属负责的原因。要想生存，一位CEO就必须承担起营销决策的最终责任。毕竟，他的工作成效直接决定企业的命运。

假设你已经专注于你的竞争对手，弄清楚了他们在目标顾客心智中的优势和劣势。你已经寻找到一个可以在心智战场发挥作用的特性，或是显而易见的差异点。

接着，你需要尽一切努力去形成一个一致的战略，来实现差异化定位，并且愿意进行组织内的变化来抓住外在的机会。

那么你还必须愿意花时间，让战略展开。营销动作需要时间展开，所以即使面对华尔街、董事会，甚至是自己雇员的压力，你也必须愿意坚持下去。没有谁比为个人电脑发明电子表格的莲花公司，能更好地示范这一点了。

如大家所记得的，莲花公司的电子表格被微软Windows系统的Excel超越。自从微软开发了Windows系统而莲花公司未能及时跟进Windows版本的电子表格起，莲花公司就深陷麻烦之中。当时莲花公司的吉姆·曼齐（Jim Manzi）决定转移战场。对他来说，显而易见的战略只能是群组软件。他们在发展早期开发的一款名为"莲花Notes"的软件，是第一款成功的群组软件（群组软件是为计算机群和网络设计的软件产品，而不同于为个人电脑设计的软件）。因此，群组软件成为莲花公司的战略焦点所在，吉姆·曼齐开始构筑和支持Notes群组软件事业。五年间，莲花公司付出了巨大的努力，最终获得了成功，被IBM以35亿美元的高价收购。一次大胆的决策和坚持不懈的努力，让莲花公司从致命的困境中走了出来。

CEO 常常做出一些错误的决策，造成巨大的麻烦。他们不是做了会导致问题的决策，就是没做可以避免麻烦的决策。我曾经建议西南航空的创始人赫布·凯莱赫（Herb Kelleher），让他考虑购买一家短线航空公司来获得纽约、华盛顿和波士顿的航线，以扩大东部市场。而他的回答很完美：“杰克，我爱这些航线，但我并不想要它们的员工和飞机。”我的主意很好，但它并不适合西南航空独特的文化和战略，这种扩张就是显然不该做的事情。

当危险隐约显现，CEO 可能是唯一一位能够有效带领公司避开风险的人。他们的确是掌舵的船长，这就是为什么每位 CEO 都应该在墙上挂上“记住泰坦尼克号”这句话。

营销的大麻烦：华尔街

对华尔街来说，唯一显而易见的事情就是钱。

唉，可怜的 KK 甜甜圈公司（Krispy Kreme），昙花一现，随后陨落。有报道指出，这场令人震惊的财务造假就是为了满足华尔街对于增长的欲望。这家公司的遭遇成为一个受股价而非市场驱动的典型案例。

问题在于：华尔街往往制造出一种促使坏事发生，有时甚至无法挽回的外部环境。换句话说，华尔街制造了一张滋生麻烦的温床，其唯一目的就是增长。著名经济学家米尔顿·弗里德曼（Milton Friedman）对此的观点可谓一针见血：“我们没有迫切增长的需要，只有迫切增长的欲望。”增长的欲望是很多公司出错的核心原因。增长只是做对事情的结果，但就它自身而言，并不是一个有价值的目标。

CEO 追求增长来确保他们的任期和更高的薪酬。华尔街的经纪人追求增长来保证他们的名誉和更高的佣金。

但这一切有必要吗？并没有。当你理解了人们为了不必要的增长而对品牌所做的伤害时，可以说这是对品牌的犯罪。下面这个真实的故事说明了增长的欲望是麻烦的根源。

我曾受邀为一家大型的多品牌医药公司评估商业计划。品牌经理依次陈述他们来年的计划，在其中一个项目的陈述中，一位年轻的经理警告说，他的领域来了一位充满野心的新竞争者，必将打破现在的平衡。但当说到销售预测时，他却预测会有 15% 的增长。我问他，在有新对手加入的情况下这怎么可能实现？

他的回答是他们将采取一些短期促销策略和品牌延伸。我问道："长期来说，这不会伤害品牌吗？"他承认说："是的，会有损害。"那为什么还要这么做呢？因为他的老板要求把这个增长放入销售预期。于是，我只好向他的老板进一步了解情况。

一周后，他的老板承认这样做会有问题，但老板的老板需要达到这个增长，你猜得没错，答案就是华尔街。

看看麦当劳的传奇故事吧。几年前，它的销售收入和盈利平平。那时候的 CEO 杰克·格林伯格（Jack Greenberg）做了大多数血气方刚的 CEO 都会做的事：他在各个特许经营店推出一份新口味的菜单，要运作包含 44 个产品的复杂组合。结果，这种做法唯一的效果就是拖慢了运营效率，收银机前排起长队。快餐成为慢餐，顾客对此抱怨不断。

这一切，随着新任 CEO 吉姆·坎塔卢波（Jim Cantalupo）发起的"回归显而易见"而发生改变。他摆脱了华尔街的增长要求，而回归到对质量、卫生和升级产品服务需求的改进上。如他所说：“我们过去的注意力从薯条上转移了。”麦当劳的新成功跟“我就喜欢”的口号没什么关系，更多是因为“我在修正错误”。

你是否曾想过，为什么一些非常成功的私营企业如美利肯（Milliken）、戈尔特斯（Core-Tex）很少在媒体露面吗？那是因为没有人每个季度紧紧盯着它们的财务报表。它们所要担心的，只是它们的业务。只要它们自己满意，那就足够了。这让我想起了下面的这个故事。

—— 渔夫迪科和华尔街分析师的故事 ——

一个美国商人在哥斯达黎加乡村的一个沿海小码头上，正好遇到一位单独划着小船靠岸的渔夫，船里放着几条硕大的黄鳍金枪鱼。

美国人称赞渔夫迪科（Tico）捕的鱼很不错，问他花了多长时间捕到这些鱼。

迪科回答：“只要一会儿工夫。”美国人就问为什么不多花些时间捕更多的鱼呢？渔夫迪科说这些就足够支持家里的日常开支了。

美国人接着问道：“那你其他的时间都做什么呢？”

迪科说：“我睡个懒觉，捕会儿鱼，然后和我的孩子玩一会儿，中午和老婆玛丽睡个午觉，晚上逛到村庄里喝点小酒，与我的朋友弹弹吉他。我的生活充实又忙碌，先生。”

美国人嘲弄地说：“我是一名华尔街的经理人，我可以帮助你。你应该花更多的时间捕鱼，赚钱买一条更大的船，并上网做宣传，然后制订一个扩展计划，保证有足够的资金购买更多新船。这样，你将拥有一支捕鱼船队。同时，你不必再把所捕的鱼卖给中间商，而直接卖给加工商，最终还可以开办一家自己的罐头厂。这样，你将控制产品、加工和渠道全部环节。之后，你将离开这个海边小渔村，搬到哥斯达黎加的首都圣何塞，然后是洛杉矶，最后是纽约。在那里，你可以把工作外包给第三方，以在垂直市场进一步扩张企业。”

迪科问：“但是先生，要多久才能做到呢？”

美国人回答道：“15 ~ 20 年吧。”

“接下来呢，先生？”

美国人大笑，说：“接下来是最精彩的。时机一到，你就可以宣布上市，把公司股票卖给公众，变得非常富有，你就成为百万富翁了。”

“百万富翁？然后呢，先生？”

美国人说：“这样你就能退休，搬到一个海边小渔村，没事睡个懒觉，捕点鱼，和孩子玩耍，与老婆睡个午觉，晚上逛去村里喝点小酒，与朋友弹弹吉他。”

故事的寓意：如果你的生意不错，不要仅仅为了增长而增长。

没有时间思考

本节标题也可以叫“两场会议的故事”，讲述的是人们如今被琐碎事务缠身而无暇思考。此前，还没有人讲过此类问题。

第一场会议发生在不久之前的英特尔公司。我去那儿与会议室的中层干部讨论战略问题。会议开始的时候，每个人都拿出了一个电子小玩意——掌上个人信息管理器，放在桌上。接下来会议成了电子设备秀，每个人都开始相互评价各自手上的小机器。这时，我打断了他们，并询问他们用这个管理器做什么，因为既然我没有这玩意，那我可能错过了什么。

在他们介绍完这个东西的所有功能后，我回答说，他们所提及的每件事，我的助理安都为我做了。然后我接着问：“为什么你们要在本应是助理的工作上浪费时间呢？”他们有些尴尬，承认我说得对，但解释说英特尔并没有为他们配助理，只有一个人例外，那就是当时的CEO安迪·格鲁夫（Andy Grove），他有三个助理。而中层管理者所面对的共同问题就是：他们没有时间思考。

这场会议揭示了我们这个时代的悲剧。随着商业世界变得日趋复杂和艰难，人们被手机、邮件等太多信息所包围，已经没有安静的时间把事情理清并思考该做什么，而要想寻得“显而易见”，就必须有时间思考。

在这个迫切需要良好思考力的年代，我们却成了被动做出反应而非主动思考的人。如今在商业领域，要面对不断细分的市场、日趋激烈的竞争和新技术的威胁。在政治领域，要面对急剧分裂的国家、变迁的人口和新的争端。这些决策一旦失误，都将付出比以往更惨重的代价。

我们该做什么呢？首先，我们都必须认识到问题的存在。商业人士要意识到，自己已被类似的电子小玩意绑架，而这群人要强迫自己用更多的时间思考。

然后，人们要努力避免自己被信息压垮，大部分信息对重要决策没什么作用，既不要去读，也不要去听它们。

应对过多信息的最好武器就是我们的常识。信任它，并且运用好它。如果遵从这个建议，你会发现解决问题将变得容易起来。这会让你有更多的时间去思考如何让他人接受你的解决方案。让人接受你的方案，是一件困难且需要花费大量时间、精力的事情。你要面对的是他人的自我意识、过往错误的决策以及忙碌于事务的人们。但是如果你对自己显而易见的解决方案有信心，并且精心陈述出来，那么你就有了很大的优势。

听了这些，我们再来讲讲第二场会议，它发生于我在通用电气的早期阶段。当时我在会议室里向一位年纪大且脾气不好的市场营销总监陈述如何卖出更多电动机的战略。他没有看我的翻页挂图，而是望着窗外。忽然，他注意到了我的不安，他说："孩子，把你的陈述报告收起来吧。我们的问题并不在外面的市场上，而是在这栋楼里。给我一个能让这栋楼里所有愚蠢的家伙都朝一个方向努力的方案，然后我们才能去解决外面的事情。"这是一个让我终生难忘的教训。

但要注意，要找到显而易见的解决方案，并且思考如何让他人接受，你必须有时间思考。你要对抗那些让你分心的事和过多无用的信息。最后，祝你好运。

市场调研会掩盖显而易见

年收入高达数十亿美元的市场调研行业，其陷阱之一就是研究员并非通过简化问题来获取报酬。相反，他们似乎依赖调研报告的重量来获取报酬。下面要说的是一个真实的故事。

我在宝洁一位品牌经理的办公室里，为他们的一个大品牌提供咨询服务。我问了一个简单的关于能否使用他们调研资料的问题。他的回答令我吃惊：“调研资料？我们计算机里装着满满的调研资料，你要它做什么？事实上，这些调研资料实在太多了，连我们都不知道该怎么使用它。”

永远不要让这些泛滥的信息洪流，冲走你的常识和对市场的感觉，否则，你将永远不会洞察到那个显而易见的解决方案。

很值得回顾一下这些信息的洪流淹没了哪些有价值的东西。我曾与罗伯特·帕斯科夫（Robert Passikoff）一起做过研究，他是我最喜欢的调研公司品牌之钥（BrandKeys）的创始人。下面是一些他和我的观察：

- 品牌或产品的知名度与顾客真实的购买行为并无关联，它也不会强化（或创造）品牌的差异化。事实上，尽管“没什么事是扩大知名度解决不了的”这句话已经成为调研行业的笑话，但那些关于知名度的调研还在不断地进行着。举个例子提醒大家：虽然多数人都知道通用汽车，但并没有多少人买它的汽车。
- 市场细分研究能帮助你识别出细分需求，但这是你真正想要或需要的细分市场吗？或者你真的有能力对这个市场进行营销吗？这类调研往往识别出的是你无法通过任何已知媒介来抵达的细分市场，但这些细分市场是存在的。接着，你还要面对改变自己的战略以吸引不同细分市场的问题。当你试图满足所有人的所有需求时，你在消费者心智中就什么也代表不了了。
- 交叉列表分析可以让你分割并挖掘出核心数据，但是分割要达到什么目的？需要使用多大的样本规模？数据有很多，但往往缺乏洞察和真正的差异化。

- 顾客满意度调研仅仅告诉你过去发生了什么，而不会告诉你未来会发生什么。实质上，它不会为你提供对品牌有价值的信息。不管怎么说，今天，如果你无法满足顾客，你的生意也不会做得长久。
- 可视化技术最近很热，其专业术语为“消费者画像”。分析师紧跟消费者，观察他们如何与产品互动。不知何故，研究认为通过了解消费者如何与产品互动，可以告诉你如何使品牌差异化。但当开始对这些观察进行解读时，问题就来了。每个观察者得出的结果不同，由此产生了由多种不一致的个人观点带来的多样解读。
- 最新的时髦调研方法似乎是使用脑神经科学来测量品牌、广告和信息传递。它基于人类大脑如何处理诸如广告信息等刺激的研究。把人与由脑电图和电椅组成的机器相连，研究者就能追踪大脑每毫秒对信息的反应。这难道没有侵入性，不让人分心，以及正常吗？它只是事后的结果而已。
- 最后，是我最喜欢举的荒谬例子之一，即关于皮肤电反应的测试。你穿上一件监控皮肤表面电流的衣服，当你因广告或产品激动时，研究员可以“看到”你皮肤上的电流水平的提升。

研究员也许承诺可以揭示消费者的态度，但是态度并不能准确预测行为，因为人们常常说一套做一套。马克·吐温曾就此评论道：

“你无法让一个人完全说出实话，除非他死了，而且死了很久。”你真正需要的，是一个存在于顾客心智中的认知快照。不需深度思考，也不用浮想联翩。你需要了解的是，竞争对手在顾客认知中的强势和弱势。

由于营销的终极战场是心智，因此你真正需要了解的就是心智中的认知，其他大多数信息只会让你迷惑。

IN SEARCH OF THE OBVIOUS

第3章

03

纷繁复杂的互联网

在营销和商业界，没有什么能像互联网那样受到如此的大肆宣传。但要小心，别指望它成为问题的终极解决方案，它只是个能够将你显而易见的策略传达给人们的新方式。换句话说，它只是另一个工具，但它会制造混乱。

杂乱的信息

探寻显而易见，需要清晰的思路，但在如今这个“互联世界”中，想要清晰思考已经越来越难了。

著名心理学家和哲学家威廉·詹姆斯（William James）在这个问题上说道：“智慧就是懂得忽略的艺术。”

日趋庞大的信息洪流滋养着商业世界的复杂性，这些信息通过硅谷所能发明的各种方式注入商业世界中来，让人无路可逃。正如大卫·申克（David Shenk）在其《数据迷雾》一书中提到的，这是“充满有毒淤泥和垃圾信息的时代”。

如今，信息产业已经占了国民生产总值的一半。很多信息最终只是成为人不得不读的书面文字，但又于事无益。下面的统计可能会吓到你，但是今天的商业管理者每周要读近百万字的材料。（你能够有时间读完这些吗？）

彼得·德鲁克（Peter Drucker）也对此表示认同：“计算机带来的

坏处也许比好处多，它让管理者更加关注内部。决策者太着迷于计算机唯一所能产生的内部数据，以至于他们既没有心思，也没有时间来关注外部，然而成果只存在于企业外部。我发现越来越多的决策者对外部世界了解得越来越少。”

澳大利亚的一项研究支持了德鲁克的观点，它指出人的大脑只能同时处理四个变量。一旦超出这个数目，大脑就会“死机”，而我们又要再重新处理。今天的高科技通信产生的信息量，往往比我们所能处理的多得多。

难怪《今日美国》发表了一篇名为“头脑爆炸危机”的文章，描述了我们这代人如何面临更多记忆力下降的问题。根据这篇文章，有些人认为记忆力下降的主要原因并不是年龄，而是信息过载。他们认为我们的大脑就像计算机的存储系统，而磁盘已经存满了。

想想数字。过去我们需要记忆的只是电话号码和地址，而如今，有防盗密码、社会保障号码、电子邮箱密码、传真机号码、电话卡号码、ATM 取款密码。数字把文字都挤出了大脑。

有些人甚至相信信息过载会成为一个医学问题。巴诺书店的 CEO 莱恩·里吉奥（Len Riggio）预测在 21 世纪，人们将用药物来帮助清空大脑。他说：“删除记忆，将会如减肥和节食一样重要。”

如果你想要大脑高效率思考，我有一些不用太大变动就能降低信息负担的建议。这些建议能帮助你穿越信息迷雾，掌握所发生的事情。

第一个挑战是，你必须明白你无法吸收所有你想要的信息。

一旦你克服了这个心理障碍，事情就会变得容易很多。你将能够决定优先顺序、委派任务或者就让事情随它去（你不必回答，甚至不必阅读放到你面前的每个东西)。对于这种主动忽略信息的做法,一些人可能会有所顾忌,但这种听上去自我严格要求的心理,实际上是一种自我保护。

限制内容,你将会吸收得更好。要毫不留情地清除垃圾信息,为重要信息腾出空间。

首先,花两个小时决定哪些信息和情报来源对你与你的企业更重要:

- 哪些新闻简报和期刊是必读的?
- 哪些通信组列表里必须要有你的名字?
- 哪些网址必须要收藏?
- 哪些协会组织必须要参加?

精简出最优质的信息并首先阅读它们。不要去看那些没那么重要的东西。

如果你是信息传播者,那么尽可能精简一切你所撰写、出版、发布或发帖的内容。

你应该是决策者,而不是信息专家。如果你有幸拥有一名助手,就让他从你所在领域的新闻杂志和调查期刊中,将你需要获取的内容精选和标注出来,并对故事与文章提炼摘要。这将帮你避开那些废话连篇的信息。

如果你不能获取文章的摘要,那么就从相关杂志的目录着手。浏览主题和文章概述,决定你现在想要读什么,然后把它撕下来稍后阅读或者保存起来。

建一个保存着"看起来感兴趣"或者"想读"文章或邮件的文件

夹，它们将是乘坐飞机时很好的阅读材料。

当心邮件

电子邮件最大的优点是价格便宜而快速，而这也是它最大的危害。

你可能每天从你的员工、亲友、生意伙伴、供应商或客户那里收到数百封邮件。

然后你会买一部黑莓或 iPhone 手机，这样你无论去了哪儿都能收到邮件。你要学会用拇指打字，并且迟早会对这部黑色小机器上瘾。你将可能患上杰弗里·哈斯（Jeffrey Hass）称为“信息癖”的疾病，它会让你的大脑消耗枯竭。

哈斯撰写了有关一项英国研究的内容，这项研究认为，人们日常生活中对如手机、邮件和即时消息等科技产品的过度使用，对于分散注意力和破坏思维敏锐的影响比吸食大麻更严重。

伦敦大学精神病学院对从事办公室工作的志愿者进行临床试验，测量持续的消息与信息如何影响人们专注于解决问题的能力。

参加者被要求首先在安静的环境中工作，然后去电子邮件、消息和电话泛滥的环境中工作。尽管已告知他们不用回应这些消息，研究者还是发现试验对象的注意力受到了严重干扰。

持续的消息非但没有提升效率，反而严重降低了人们的专注力。研究报告指出，工作者在电话、邮件的干扰下，平均智商（IQ）降低了 10 点，是已知大麻影响的两倍多。2002 年，卡尔顿大学的一项研究表明大麻让智商（IQ）下降了 4 点。

太多资料噪声在试图吸引人们的关注，它们都想进化为信息，进而成为知识。仅是决定要忽略哪些内容就会消耗脑力，并且不可避免地会影响工作质量。

生活质量也同样受到影响。

研究表明，62% 的成人在会议、晚上和周末的时候，都沉迷于检查邮件和消息。

一半以上的工作者会立刻或一小时内回复邮件，而五个人中有一个人会乐于中断商务或社交活动，在一小时内回复电子邮件或电话留言。

研究告诫了对永远在线的滥用，称这类状况为“信息癖”。如果你感到你有这种疾病的早期症状，这里有一些小建议：

- 根据邮件主题决定是否打开和阅读电子邮件。浏览主题里的发件人和标题，优先考虑你的客户与老板的信息。
- 为你的电子邮件安装过滤软件。过滤软件让你优先看到来自重要人物的邮件，让它们与其他邮件区别开。
- 从源头减轻信息量。不要把电子邮件地址印在商务名片上，只提供给需要邮件地址的人。
- 只在计划的时间打开电子邮箱，也许在你开始工作或一天结束的时候。使用电子邮件的意义就在于其他人不知道你什么时候看，甚至不知道你是否会看。如果你的电脑不断地提示新邮件，如果你不断地回复它们，这些讨厌的邮件只会越来越多。
- 简短地做回复。不要鼓励人们发送长篇邮件或留下冗长的语音留言。

- 除非你退休了，否则告诉朋友不要转发琐事、闲聊、笑话这类无聊的邮件。

如果你只是需要直接获知事实或征求意见，那么应该使用电子邮件或传真机。但如果有一个需要讨论的议题，那么不要使用电子邮件，直接打电话或者面谈。

也不要被层出不穷且提供各式功能的新潮产品所引诱。这些真的能让生活更简单？让决策者更多产？更高效？开什么玩笑！乔治·梅森大学的胡·赫克洛（Hugh Heclo）教授认为："从长远看，技术过剩意味着具备比较优势的人不再是拥有大量信息的人，而是掌握有序知识的人，不再是那些可以处理巨量信息的人，而是那些能够解释哪些信息具备价值并说明原因的人。"

因此，当你努力穿越信息的迷雾时，需要记住这些：

- 资料与信息是有区别的。
- 你可能会沉迷于你所喜爱的通信设备。
- 不要成为资料收集鼠。你可以在网上取回所有电子资料。
- 大部分邮件请求并没有发件人所认为的那么紧急。
- 总是将重要消息与不重要的区分开来。
- 总是简短并切中要点地回复。不要比所表达的意思制造更多噪声。

口碑营销的神话

忽然之间，所有人都在讨论口碑营销。当你发现居然已经有了口碑营销协会（WOMMA）时，你就知道事情可能有些失控了。关于口碑营销的会议正风行全球，一次会议的参会者可达400多人。

不仅如此，如今我们要用一本新字典来学习了。口碑营销如今还叫作口头宣传营销、病毒营销、社区营销、草根营销、布道营销、产品播种、影响者营销、动机营销、谈话创建、品牌博客和推荐营销。这些还算好一些的名字，没那么好的名字有隐身营销、托儿、渗透营销、评论轰炸、造谣、弄虚作假等。

如果你像我一样，已经被这些概念弄糊涂了，那让我们来清晰梳理一下这件事。

首先，"口碑营销"并非新东西，不是口碑营销协会所宣称的"营销新潮流"。第三方对产品的认可一直是营销的法宝，它会让你的产品更可信。过去，我们常常尝试寻找产品的"早期使用者"，推测他们都是大嘴巴，喜欢把新玩意告诉朋友和邻居。

如今不同的是，人们有了更多的沟通方式。不再只是口头交流，我们现在有了数字化沟通。网上聊天除了不能明确地知道对方是谁外，无论哪方面都超过了隔着院子聊天。麻烦的是，群体沟通的便捷性也让噪声提升到了令人难以置信的地步。这还算是好消息。

坏消息是，有多少人真正愿意谈论产品呢？你真会谈论你的牙膏和卫生纸吗？即使那些拥有名贵产品的人也不想谈论它们，人们真正想要的是被大家看到在使用这些产品。如果你有一辆哈雷摩托车，而你又是俱乐部成员的话，那么这确实是大家都会谈论的，但他们不需要到处去说。

没有一件产品像赛格威平衡车那样获得了如此多的口头传播和公关效应，但问题是大部分口碑是负面的。"外形滑稽"和"在人行道上很危险”这样的评价是你不想听到的。如果没有合适的产品，口头传播可以毁掉你。

耗资巨大的翻拍电影《金刚》就因大量负面口碑而失败。人们认为它“太长，太吵闹，情节有些过头”。庞蒂亚克G6汽车在奥普拉脱口秀的大型送车活动中获得大量口碑传播，而销售却彻底失败。人们乐意免费获得一辆G6，但并不想花钱去买。你需要一种人们愿意正面评价的产品或服务，然而这样的产品或服务并不多。

而真正的难处在于，你如何让人们对你做出正面的评价或传播你显而易见的概念。我们没有控制口碑的方法，那么我们需要放弃管控进而让消费者把握我们的营销活动吗？当然不可能，他们可不是靠卖产品赚钱。如果我花费心血为产品制定了定位战略，我会期望看到这个信息传播到位。口碑能让你的品牌被提及，但除此之外，别指望太多。并没有太多名人或“大嘴巴”自愿成为你和竞争对手对比时的活广告，他们也不会与你事先统一口径。

这些让我对口碑营销有了自己的看法。它不是新一代营销，它只是你武器库中的另一个工具。如果你有办法让你的顾客谈论你的战略或差异点，那就太棒了。这将对你的业务大有好处，但你还要围绕它进行很多其他努力，包括做广告。你无法用购买媒体的方式来购买口碑。而一旦有其他新鲜事，大嘴巴们会立刻停止谈论你的产品。

有一篇采访广告公司的报道吸引了我，这是一篇对营销现状富有洞见、关于斯米诺（Smirnof）尝试为新冰茶啤酒饮料传播口碑的采访，所有正中要害的问题都在报道中被问出。以下是报道的问题、广告公司的回答和我对于这些答复的观点。

问：为什么这个活动只在线上推广？

答：客户没有足够的资源投入进来。

我的观点：施格兰（Seagram）是一家富有的企业，如果斯米诺冰茶是一个好概念，为什么不投入足够的资源正式推广它呢？我的前合伙人艾·里斯（Al Ries）和我曾写过一本名叫《22条商规》[⊖]的书，其中第22条商规为“资源法则”：没有合适的资源，再好的概念也无法实现。看起来他们违反了这条商规。

问：我第一次看视频时，并不知道这是关于斯米诺冰茶的。为什么品牌和产品都很少出现呢？

答：我们不能按照传统广告的规则行事，如果人们看到太多次产品，他们会反感。

我的观点：这是个大问题。想推广一个新品，却连产品都极少露出，这样很容易被忽略，并且是无法达到推广目的的。

问：所以，不做品牌传播是为了让人们不把视频当作广告吗？

答：这样它给人的感觉不像广告，人们会觉得有趣。

我的观点：你是想娱乐大众、自娱自乐，还是想要销售产品？没有购买产品的理由，除了好奇涉猎的顾客外，你不会争取到多少人来购买。

问：客户对于没有出现斯米诺品牌名怎么看？

答：他们很支持。客户理解广告不再只是对人的单向沟通，而是让顾客参与进来。你必须更加具有娱乐性。品牌不再是广告主，品牌是与顾客有关的，顾客可以参与进来。

我的观点：这差不多正好回答了我之前的问题。这家广告公司把自己当作娱乐行业，而不是销售行业。好莱坞来到了麦迪逊大街。如

⊖ 此书中文版已由机械工业出版社出版。——译者注

果是这样的话，我只好引用爱德华·莫罗（Edward R. Murrow）的名言："晚安，祝你好运。"

再次强调，所有这些方式都是你抵达顾客的新工具，而你仍然需要寻找显而易见的东西：合适的产品、合适的战略以及合适的差异化概念。

当然，你也许能够通过互联网，用更少的钱获得一些曝光，甚至吸引一些买家，但正如人们所说，一分钱一分货。汉堡王线上著名的非主打鸡肉汉堡带来了大量口碑和点击，但并没有多少销量。能带来销量的是推广皇堡（Whopper），显而易见，它是牛肉做的。

想想电影《航班蛇患》的发行。那时在其他娱乐形式的冲击下，电影正苦守着自己的阵地。影片扬言进行了有力的网络营销，策略是要吸引观众去电影院。由于确实引发了大量口碑，票房结果曾被寄予厚望，然而实际却没有产生多少销售。一些专家指出这部电影最具娱乐性的体验就是在网上聊，而不是去影院观看。除此之外，如果你一直上网的话，哪有时间去影院看电影呢。互联网口碑未必一直能转化为销售。千万不要忘记，企业的目的是创造顾客，而不是娱乐、有趣或参与。

我的看法呢？有多少人会想要看一部关于飞机上的蛇的片子？只有那些恐怖电影爱好者才会爱看这些东西。对于主流观众来说，无论得到多少口头传播，糟糕的主意还是糟糕的主意。在这样的情况下，你并没有显而易见的策略，而是有着显而易见的问题。不过，我说的也不一定对。庞蒂亚克把所有的市场营销预算花在线上推广 G5 跑车上。他们承认这样不会像传统媒体那样带来很高的知名度，但他们可以抵达目标受众——年轻男性群体。

抵达目标受众是一回事儿，而把产品卖给他们又是一回事儿。跟踪观察这次传播最终如何发挥作用肯定会很有趣。当配合传统媒体来使用的时候，通过互联网媒体与顾客保持接触是有意义的。而对我来说，单独使用互联网来推出新品是在挑战极限。

坠入深渊

美国广告主协会最近举办了年度会议。接二连三的演讲者都提及了“行为定向”概念的日益流行，用来对比传统的顾客态度、意见或认知。

互联网能通过跟踪顾客访问的网站来记录顾客做了什么，这让人们产生了极大的关注，大多数人称之为“更好地了解顾客”，而我称之为“被顾客弄得晕头转向”。据其中一位演讲者说，应当在不同的媒介上传达不同的信息以抵达不同的顾客。尽管他们承认这样做会极端复杂，但他们感到这将是解决之道。在我看来，这样做会把很多品牌推入品牌模糊和无药可救的混乱中，而且可能永无翻身之日。这不会是一种能找寻到显而易见的方法。

生产百威啤酒的安海斯－布希公司（Anheuser-Busch）就因调查“饮用场合”而跳下深渊。调查之后，他们开展了一个野心勃勃的网络推广活动，推出名为“Bud TV”的娱乐节目。结果，节目失败，而他们“对内容进行了反思”。但是这里有一句在他们的陈述中我最喜欢的话：“这个节目与我们的品牌无关。”那我要问，投入那么多金钱和精力究竟为何？

当这些营销人员试图满足所有人的所有需求时，一个又一个品类就渐渐陷入同质化之中。如先前所提到的，在修订另一本书——《与众不同》时，我偶然接触到了一些 Brand Keys 在这个课题上所做的大量研究。下面是其中一些精彩的要点：

- 各品类之间的差异化程度不同。比如，在肥皂品类中，100%的品牌具有各自的差异点。50% 的信用卡产品在顾客心中有不同的特点。但是，银行、汽车润滑油和其他 20 个品类（占调查品类的近 1/3）则没有具有差异性的品牌。这些产品和服务是知名的，但没有因什么特点而知名。
- 为了更好地解释这一点，看看银行品类。银行提出了一个又一个毫无意义的口号。你觉得这些怎么样："财富居所""拥抱独创性""纯粹的瑞士银行"或"今日在这，明日在这"。这些口号和无休止的收购已经让银行这个品类同质化了。
- 另外，看看汽车品类。这个品类的差异化程度还比较合理——38%。这意味着品类中有相当一部分具备差异性的品牌，如丰田（可靠）、宝马（驾驶）、沃尔沃（安全）、奔驰（工艺）或法拉利（速度）。这个数字同时也意味着存在大量缺乏差异性的"占位品牌"，比如通用汽车或福特。
- 在 75 个调查的品类中，20 个品类的差异化为零。数百个品牌都如此模糊不清，无法代表不同的东西。28 个品类只有不到30% 的品牌具有差异化。换句话说，这些品类里有 2/3 的品牌没有很好地进行差异化，或正在走向同质化。

在这样的背景下，最终广告还不是基于为何品牌与众不同，而是根据人们在不同场合下如何使用产品进行制作。更糟糕的是，甚至广告仅仅打出品牌名称，让顾客自己琢磨这个品牌到底是做什么的，什么时候用，而你则在一边监测顾客的行为。也许你认为顾客认知到什么不重要。如果顾客觉得产品是相似的，那就这样吧。

女士们，先生们，这不是一条通向“显而易见”的正确道路，这种思维只会通往毁灭：欢迎来到深渊。

IN SEARCH OF
THE OBVIOUS

第 4 章

04

迷恋创意的广告人

很遗憾，大部分广告人都在寻找创意，而非显而易见。对他们来说，“显而易见”的东西太过简单，不够聪颖。老一辈的广告人——李奥·贝纳、大卫·奥格威，以及比尔·伯恩巴克理解这一点，而新一代的广告人，无论是谁，极少理解这一点。

将广告拍成电影

这些年来，我对超级碗广告的效果一直抱有怀疑，它毫无销售信息，特别是其每 30 秒 270 万美元的巨额费用，尤其浪费。

大部分广告人及其公司创作的广告片都是为了娱乐大众，而非为了销售。可以说，他们在资源浪费上有很多一致之处。广告都有点疯狂，都试图引人发笑或产生震撼效果。但这是电影该追求的，而非营销。

大概有人会立刻跳出来指责我的观点迂腐。他们的理由是，如果顾客喜欢广告片，他们就会同样喜欢并购买广告片中出现的产品。好吧，亲爱的读者，历史早已清楚地证明这个假设是错误的。

想想啤酒行业，没有哪家公司能像安海斯 – 布希那样投入这么多资源在超级碗广告上。这些年来，我们看到了克莱兹代尔马[⊖]打橄榄球，青蛙说话，一个搞笑剧接着一个搞笑剧。最新的广告片讲述了，

⊖ 克莱兹代尔马是一种重型挽马，最初来自苏格兰克莱德河流域的拉纳克郡。

克莱兹代尔马为了加入队伍而锻炼身体。这些广告对销售啤酒有帮助吗？没看出来。啤酒行业多年来销量平平，呈下降态势。只有进口啤酒（科罗娜）或是特制啤酒（萨姆·亚当斯公司）有所增长，其中没有一家是超级碗广告赞助商。

可乐巨头也在超级碗中投入数百万美元。这对可乐的销售有帮助吗？我看不出来。可乐品类市场这几年也表现平平，呈下降态势。销量大增的反而是运动型饮料（佳得乐）、饮用水以及功能性饮料，这些也没有一家是超级碗广告赞助商。

好了，与其挑这些广告的毛病，不如让我来讲讲我对此事的观点吧。

首先是媒体因素。如今所有媒体都蜂拥而上，对当下的广告评头论足，而它们评论的标准就好像在评论一部电影或戏剧。广告片有趣吗？它是否冒犯某些人群？观众会喜欢吗？然而从来没有一则评论是关于它是否提供了一个购买产品的理由，那些做到这一点的广告片反而被批评为无聊。因此，广告公司要如何获得媒体正面的评论呢？你猜得没错，当然是制作荒诞疯狂的广告了。

其次是口碑因素。互联网的来临，让每个商家都期望在线上营销时，其广告能成为人们谈论的话题。然而，人们真正喜欢谈论的是些什么呢？他们谈论的不是产品，也不是为何这个产品与众不同，而是喜欢谈论哪里好笑。我曾读到一位专栏作家称网上浏览是“销售过程的开端”。但是，假如广告片里连销售信息都没有，他谈的“销售过程”又是什么呢？人们为什么会喜欢在线上看这些糟糕的广告呢？这种思考肯定会让管理层开始质疑，所有这些喧闹是否真的对销售起了作用，而这个问题的答案很显然，并会给广告界带来一些长期的问题。

最后，让我告诉你一个关于顾客喜不喜欢广告是否重要的真实故事，它揭示了这种“将广告拍成电影”思维的本质。这些年来，我多次作为广告专家被热线广播节目邀请。听众不止一次地问我，为什么一些广告商要制作看起来乏味无趣的广告片。我回答他们，大部分持续投放的“无趣”的广告片对销售产品是有效的，否则早就停止投放了。

接着，我问了他们一些问题，而回答几乎是一样的：

问：告诉我一个你喜欢的广告片。

回答通常是描述一个有小孩、狗或其他情感因素的广告。

问：广告宣传的产品是什么？广告商又是谁？

回答通常是他们不确定，但他们确实喜欢那个广告片。

问：告诉我一个你不喜欢的广告片。

回答中往往描述了广告中的产品、品牌以及产品的某个作用。

然后我告诉听众，他的问题已经有答案了。

答案都在这里，你自己来选择吧：要么投放人们喜欢但不知道为什么要买你的产品的广告，要么投放人们觉得无聊，但知道为什么选择你而非竞争对手产品的广告。

如果这270万美元是我的，我会选择后者。

与品牌产生感情？

最近的一期《商业周刊》里，有一篇关于宝洁如何致力于为旗下的汰渍洗衣粉“占据情感高地”的文章。这种试图与消费者建立情感联系的做法，已经越来越多地出现在广告公司的报告里。广告公司的

CEO 凯文·罗伯茨甚至为此写了一本书，名为《至爱品牌：超越品牌，走向未来》。

我不想对这些情感和至爱泼冷水，但是我要对这些活动提出以下几个问题：

首先，谁会对一袋洗衣粉、一管牙膏，以及其他大部分类似的产品产生感情？如果你觉得沃尔玛很成功，你可以肯定地讲，真正让人们动情的是沃尔玛的价格。

其次，情感可以形成差异化吗？如何阻止竞争对手和你打出同样的“情感”牌呢？想想信用卡大战，Visa 围绕“无处不在”的概念建立品牌。它占据了“无处不在”或使用范围广这个特性，这是信用卡品类的第一特性。

万事达公司却一直磕磕绊绊，最后采用了情感策略，“万事皆可达，唯有情无价”(For everything else, there’s MasterCard)。这个说法不算很差，但也不怎么样。在我看来，它应该成为“民众信用卡”。把“全球”概念让给 Visa，而自己占据本土大众。不过至少“万事皆可达”还是这个方向。

万事达这次营销攻势最大的贡献，是诱使 Visa 抛弃其高明的战略，而同样转向“情感”。Visa 的新策略是“生活需要 Visa”，这对万事达来说是好事。有趣的是，似乎每家公司都对“生活”有兴趣。可口可乐永远不该抛弃“正宗可乐”的战略，而如今可口可乐宣传的是什么呢？你可能有印象，它想让你加入“生活中的可乐一面”(或许你该用 Visa 卡买杯可口可乐)。

让我们回到汰渍和其试图采用的“情感”战略。我真的搞不懂，汰渍在洗衣粉上的市场占有率达 42%，是美国名副其实的洗衣粉第一品牌（见《与众不同》第 13 章），领导地位显而易见是其应该采用的战略。

宝洁几乎独自做到了“让美国人衣冠洁净”，原因是汰渍对织物了解最多，而其 42% 的市场占有率就是最好的证明（这一数字倒是会让任何一位产品经理迸发情感）。

最后，在制定战略时，是否会有“情感”因素作用其中呢？

这要看是哪种“情感”。“声望”是一种情感。为什么要买一辆高达 6 万美元的汽车？显然，是为了让我的朋友和邻居印象深刻，但你还是要提供一个合理的购买理由，无论是制造工艺，还是别的什么。

对一只造价昂贵，却不比天美时更精准的手表也一样。劳力士手表所能提供的最好广告语是：“一只劳力士手表耗时一年打造。”我会把这个作为定位战略，而且永远不会加快制造手表的时间。

对于昂贵、奢华的产品来说，高价传递的是一种身份（否则我怎么能让别人印象深刻呢），但你还是需要给消费者一个高价的合理理由，好让他们心安理得地挥霍。

化妆品也是基于情感销售的，瓶子里的魔法会击退衰老而让你迷人。美国全食超市公司则用纯天然食物来打“健康”的情感牌。

奇克尚风（Quicksilver）冲浪服装也是通过“超酷”的情感，让人们感到自己像是在夏威夷玩乐的古铜色冲浪手。但所有这些品牌背后，都有一个差异化的产品故事。

然而，对于卫生巾或纸尿布呢？别给我宣传“情感”，给我一个选择你而非竞争对手的理由，或者，你最好价格更低，这才会让我心动。

有趣的是，我曾问过一位传播学领域的心理学家，她有一个有趣的见解：

没有实质内容支持的情感，就像一时迷恋一样，容易在天亮后感到失望。没有真正的差异化，是无法与顾客真正保持关系的。

广告公司的问题是找不到产品的购买理由，而情感的推动成为它们最大的借口。WPP集团的总裁马丁·索罗这么说过：

产品与服务之间的差异在日趋模糊。因此，心理与生活方式上的差异化越来越重要。

对于这个观点，我的回答是Pogo连环漫画中的一句话：

我们已经遇到了敌人，那就是我们自己。

“情感”陷阱

关于“情感”的问题，有必要多用些篇幅来讨论，让我再举两个例子。

曾经，美国大陆航空公司有一个简单而合理的理由，让你选择它而非其他航空公司。它的广告语是：“同样价格，更多里程。”它也一直有充分的事实来支持这一概念。然而，一些理解不了这个概念的广告公司把广告语改成了“用心工作，满意启航”。这究竟是什么意思？我猜它们会说这是个具有更强大情感的理由，这太愚蠢了。

劳氏公司是家得宝最大的挑战者，它曾有一个绝妙而合理的理由让消费者进入其门店。它的广告语是：“改善家居装修”。而它接着做了什么呢？它用一个更具情感的广告语取代了原先的概念：“让我们一起建造”，这更愚蠢。

这类广告充斥着整个业界，企业被不断地灌输，要让顾客爱上品牌，而不仅是买产品这样的观念。我并不反对用艺术或者说戏剧化的方式来吸引潜在顾客关注你，沃尔玛现在的广告就是这样的好例子，它通过一则真实的“生活片段”式的广告来戏剧化地呈现，省下来的钱可以让你享受生活中更多的乐趣。这则广告做得漂亮，但“低价”仍然是吸引人们去沃尔玛消费的理由，无论有趣与否。

广告与营销所要做的，就是提供一个让消费者选择你而非竞争对手的显而易见的理由。

有趣的是，终于有些人开始研究、评论这种偏理性的销售方式。马克・佩恩（Mark Penn）在其所著的《小趋势》一书中指出：“在生活的许多方面，人们理性的一面远远比纯粹的感性一面更强大。”他是公认的美国政界最具洞察力的民意调查分析师，所以他明白这个道理，而他同时也是大型公关公司博雅公关的全球 CEO。

但真正动摇“情感”营销方式的是一项由数字录像机制造商 Tivo㊀进行的重要调查。他们调查了 20 000 个 TiVo 家庭用户的商业广告观看习惯，包括哪些广告的快进率最低。这些调查结果由伯特・赫尔姆（Burt Helm）写成一篇文章发表在《商业周刊》上，标题是“哪些广告不会被跳过”。到目前为止，调查结果压倒性地偏向理性广告。在电视广告中，内容相关性远远胜过了创意。在“最少被跳过”名单中的广告并不逗趣、感人，也不是聪明的。

你相信吗？在 6 月的“最少被跳过”广告名单里，排名第一的是博飞（Bowflex）家用健身器材的广告。人们看到身材很好的人在使用

㊀ 一种数字录象设备，它能帮助人们录下和筛选电视上播放过的节目，并过滤掉大部分广告。

这些机器，他们会说："也许我也可以拥有这样的身材。"线条分明的腹肌是购买这类健身器材十分合理的理由。排名中的其他赢家有科特家具租赁公司、多米尼加共和国的旅游广告，以及猫头鹰餐厅。你能想象吗？一些广告甚至把800热线电话放在了片尾。

文章最后伯特·赫尔姆清楚地总结道："如果说TiVo的用户调查有任何指导意义的话，那就是直接把产品呈现给合适的观众就会让你遥遥领先，无论你的广告多么平淡或备受抨击。因此，如果你只有30秒的时间，为什么不舍弃这种隐性诱导而直接兜售你的产品呢？"

毫无意义的口号式广告

一个显而易见的概念很少会被作为广告语。如果你花点时间留意当下的广告，你会惊讶地发现营销界早已深陷"口号式广告"中，与显而易见的概念相去甚远。

如果你不相信，那么做一做下面的广告语测试。下面这些是几个全国巨头品牌商投入几百万美元制作的广告语，看看你根据这些广告语能说出多少品牌商（答案在本节最后）。

测试一

- 你的未来，更加简单（Your future made easier）
- 传递你的世界（Your world delivered）
- 你能行（Yes you can）
- 光明之道（Way of light）
- 非凡智慧（Uncommon wisdom）

- 永远值得（Always worth it）
- 转移（Shift）
- 就在今天（Today's the day）
- 生活丰富（Live richly）

我知道你在想什么，只拿一条脱离上下文的广告语来猜并不公平。它们只是一则商业电视广告或平面广告中的一部分概念而已，但这正是问题。如果这样思考，你大概最终也会得出一连串看似聪颖但没有意义的词语组合。一条好的广告语应该是定位或差异化概念。而上面这些广告语里一个都没体现出这样的概念。你应该追求的，是那些我称之为不朽广告殿堂的东西。通过下面这些广告语，我猜你可以轻松地指出广告商的名字。

测试二

- 钻石恒久远，一颗永流传（Diamonds are forever）
- 正宗货（The real thing）
- 终极驾驶机器（The ultimate driving machine）
- 更好的馅料，更好的比萨（Better ingredients. Better Pizza）
- 吃得新鲜（Eat Fresh）

上面的广告语有些已经存在几十年了。其中一个虽然几十年没有使用了，但人们仍然记得。这些广告语都指向产品的本质，而非广告片创意，并且没有一条广告语可以轻易被竞争对手所用（这是广告语的试金石）。例如，诺基亚近年一直传播一条毫无意义的广告语——“科技以人为本”（Connecting people）。当然，除了人之外，一部手机还能以什么为本呢？相同的概念可以轻易地被摩托罗拉或爱立信所用。而诺基亚真正与众不同的是其领导地位，它应当传播的广告语是："全球手机第一品牌。"

对麦当劳来说，同样的领导概念也比"我就喜欢"更为合理。当你考虑到麦当劳的规模和全球门店覆盖时，你会很容易将它定位为"全球最受欢迎的用餐地"。广告人会立刻把领导地位贴上"无聊""乏味"的标签，接着会考虑我如何将其变成一首歌呢？

广告人所忽略的是领导地位的心理力量。人们倾向于买别人所买。心理学家将这个称为"羊群效应"（某种程度上，人们通过观察他人的行为来判断自己的行为是否正确）。然而广告人没有利用这种心理现象，他们选择了有趣和创意，所抵达的则是一条毫无意义的广告语。而很多广告人和市场营销人员所未能理解的，是实现一个产品的差异化有很多种方式，并不局限于产品自身。除了领导地位之外，还有历史传承、产品特性、制作方式以及新一代等差异化角度可以利用。关于如何实现差异化，我写了一本书——《与众不同》。

更深层的问题在于，这些口号没有提供一个购买某一种产品而非另一种产品的理由。当然，它们也不会是显而易见的概念，这预示着广告的效果不会很好，而这又会导致营销人员对广告失去信心。总体来说，毫无意义的口号式广告语已像病毒一样侵蚀整个营销界。除非这样的广告能够被阻止，否则我们将看到一个接一个品类失去差异，陷入同质化。

亲爱的读者，要是这样的话，麻烦可就大了，除非你能提供更低的价格。

测验一答案

- 你的未来，更加简单——荷兰国际集团
- 传递你的世界——美国电话电报公司
- 你能行——斯普林特通信运营商
- 光明之道——铃木汽车
- 非凡智慧——美联银行
- 永远值得——百威淡啤
- 转移——日产汽车
- 就在今天——Monster 招聘网
- 生活丰富——花旗银行

测验二答案

- 钻石恒久远，一颗永流传——戴比尔斯钻石
- 正宗货——可口可乐
- 终极驾驶机器——宝马汽车
- 更好的馅料，更好的比萨——棒！约翰比萨
- 吃得新鲜——赛百味

创意陷阱

现在，广告行业有些混乱。传统广告的效用被人们质疑，每天都有新的营销方式快速出炉，其中大部分都与我们生活的数字化世界有关。

对传统广告最大的威胁就来自 TiVo 与其数字录像和广告快进的

功能，这些变化使得广告行业宣称广告需要更多的创意以吸引人们观看。所以，情感、幽默以及一切能够抓住观众眼球的方式都成为当今的广告法则。如我所注意到的，甚至连 Visa 强有力的“无处不在”的概念也已经换成了“生活需要 Visa”这样的情感广告语。这已经够糟了，而 Visa 的竞争对手美国运通居然推出了“我的生活，我的信用卡”这样的情感广告主题。

究竟发生了什么？

在我看来，这是一场“创意的疯狂”。广告人没有弄明白的是，销售并非在于创意、招人喜爱或富于想象。销售只关乎逻辑，它是一门如何符合日常思维规律，并通过思维测试的科学。

词典中把有逻辑的论证定义为有说服力、无法反驳、令人信服、合理以及清晰的。它显示了思考或推理的能力，并且是显而易见的。

这听起来不像是你希望拥有的来支持你所销售的产品的论证吗？你最好相信这一点。然而，在营销界，你看到过多少具有这种逻辑思维的传播呢？极少。严重缺乏逻辑是大部分营销项目失败的原因。不管怎样，如果你在一个论证中看到了逻辑，你就有机会成为赢家。

如果安飞士（Avis）在租车行业只是第二名，那么它不得不更努力就很合情合理。这不是创意，而是逻辑，且是显而易见的。

如果 IBM 的规模使它囊括了计算机技术的方方面面，那它显然比其他生产商更具备集成各个部件的优势。“集成电脑服务商”就是让 IBM 与众不同的地方。

看看瑞典的 SKF 公司，100 多年来，它一直是生产各类轴承的世界领导者。它的一位年轻主管曾来过我的办公室，询问我如何才能提升他们在节能方面的形象。我告诉他这是显而易见的，他们需要做的就是讲述他们如何“让机械运转得更好”的故事，高效的机械显然比低效的更节省能源。

但他声称，公司正在进行一场主题是“知识工程”的大型广告活动。我回答他，他能采取的唯一显而易见的措施，就是把“知识工程”和“让机械运转得更好”的概念连接起来。换句话说，他们的关键技术，就是设计并不断改善轴承系列产品，而更好的轴承通常是提高性能和节约能源的核心。

这与他们在提升性能的过程中具体做了什么无关，关键这才是 SKF 公司百年历史的核心。没有轴承，这个世界将会很糟糕，而有了新型和不断改进的轴承，世界会运转得更好，也会节约更多的能源。客户选择 SKF 公司是为了让机械运转得更好，而不是获取知识工程，这是极其显而易见的。

那么读者，你们认为他为努力改变广告活动的广告语做得怎么样呢？你猜对了，结果不是很好，因为公司的 CEO 并不参与，而负责广告活动的人要维护自己的观点。

既然逻辑是一门科学，那么构建销售主张或差异点也应当是一门科学，而非艺术。然而创意派则竭力反对这种观点，他们讨厌太规范的思路，因为它使其无法进行创意，他们不会喜欢显而易见的主意。

更痛惜的往往是，当一家企业确立了战略，并为品牌提出一个直接且符合逻辑的概念后，他们把这个概念交给了创意人，到头来发现原本清晰的概念已消失在一片莺歌燕舞的创意中。

在协助一家银行制定战略的时候，我们研究发现它在其经营领域，是小企业贷款的领导者，其大部分贷款给了那些在美国创业的新移民，即那些追寻美国梦的人们。

我们给出的战略合乎逻辑且直接，让这家银行与众不同的地方在于，它是“美国梦之家”。

所有人都认可这个概念，然后把这个概念交给一家广告公司付诸实施。当我们再次看到它时，这个概念变成了“我们依靠你的梦想”。他们显而易见的差异化概念就这么不了了之了。

我并非不理解为何广告公司如此钟爱“创意”，因为它们关注形形色色的广告创意大奖，有了这些大奖，它们就可以获得更多客户。问题是，这些奖项只会鼓励更多疯狂而缺乏购买理由的广告产生。没有人会为清晰的逻辑颁奖，如果广告行业想要重新立足的话，就必须停止这些创意大奖活动。

该做些什么呢？我建议广告公司离开它们的创意部门，把它替换为编剧部门。换句话说，用“戏剧化”来代替“创意”。

事实上，“创意”这个词一直是不恰当的。一家广告公司不应当去创造，企业、产品或服务是早已存在的，广告公司要做的是找出销售产品的最好方式。简单地说，这意味着把一个合乎逻辑的差异化主张戏剧化地呈现出来。

你如何让一个概念激动人心、备受关注呢？很久以前，佳洁士牙膏在一则电视广告中宣称：“打败蛀牙。”沃尔沃的平面广告把汽车和坦克放在一起，标题是：“操作不同，但理念相同。”这对“安全”概念的戏剧化呈现得怎么样？

Alka Seltzer消食泡腾片新推出的复古广告就很棒地将饮食过量的问题戏剧化地表现出来。今天，你可以看到广告片中一些动物以古怪的表演来传递有价值的信息。Geico汽车保险公司的壁虎广告和Aflac人寿保险公司的鸭子广告就是很好的例子，然而在使用这类方式时需要谨慎，因为它可能会产生视觉干扰。当这种干扰发生的时候，人们会停止倾听，销售信息便无法抵达。

无论你用什么戏剧化的方式呈现广告，有一点是清晰的，你提供的购买理由必须是完全符合逻辑且显而易见的，而不要被人们称为创意的东西所淹没。

有时我甚至怀疑，广告业是否已经迷失了广告的本质。如果你查看词典，广告的定义是："吸引公众注意力，尤其是为了销售目的。"你看，就是这样，广告的目的不是娱乐大众，而是销售。别受那些"除非你的广告有娱乐性，否则人们不会关注"的论调干扰，假如你提供一条有趣的新闻或一个绝佳的购买理由，你就能让人们停下来，倾听你所说的内容。

想知道如何做到吗？在你制作下一条广告片的时候，让演员对着摄像机说："在你换台之前，请等一会儿，我有一些重要的消息要告诉你。"

这样你将会把所有人留在位子上，获得足够的注意力。此时，你将有一个机会来销售你的产品，而不仅仅是娱乐观众。

关于大企业将传统媒体的广告投入抽离，投入到植入式广告及其他一些新的营销手段的事情，被媒体炒得沸沸扬扬。一个接一个专家预言，广告业已经迷失方向，并走向衰落。TiVo、口碑营销和互联网成了时尚。在大家收拾好各自的履历准备跳槽之前，我认为是时候理性地看待这一问题，从负面炒作和悲观失望的氛围中走出来了。首先，我们需要弄明白，广告公司明显的角色应该是什么。

从传统意义上看，广告公司的角色是客观的旁观者。它们的角色是为它们的客户提供咨询，以最好地在市场中销售它们的产品或服务，如何针对竞争对品牌进行定位，以及如何用信息阐述顾客购买的理由。坦率真诚一直是广告公司与客户良好关系的标志，因为广告公司在客户的战略制定中起着至关重要的作用。

一个真实的故事正好说明了这一点。很多年前，一位广告公司的高级客户总监向我追忆广告业过去的日子。他描述在一场客户会议中，客户的 CEO 和广告公司的负责人一起躺在宾馆的床上讨论战略。他说："杰克，现在广告行业的问题在于我们不再和 CEO 们躺在一起了。"

他是对的。这些年来，我所看到的这样的合作关系越来越少了。随着客户在战略方面越来越独断专行，广告公司在推进战略上不断后退。与战略相反，广告公司撤退到以创意、情感或幽默来作为对品牌的贡献。最终的结果是，现今大量的广告普遍缺乏购买理由。太多人看着广告问："它们究竟想卖什么？"难怪客户会开始质疑传统广告的效用。

重整广告业

第一步：重返战略

忘记情感、建立纽带、热点营销（borrowed interest）或娱乐吧。广告公司必须具备帮助企业高层制定正确竞争战略的能力，以此建立声望。简单来说，它们必须能够协助品牌建立差异点。40 年前，这叫作独特销售主张（unique selling proposition）。近年来，它叫作"定位"（position）。无论叫什么，它就是顾客选择你而非竞争对手的理由。

差异化是终极武器，帮你应对诸如“有了口碑营销和产品植入，谁还需要传统广告”的论调。很遗憾，大部分这类新型营销方式，并不能够帮助传递差异化的信息。它们的好处只在于得到一定知名度，但没有品牌内容附加其上。

再试着回想一下著名的奥普拉脱口秀送庞蒂亚克车的营销活动，节目送出了 200 多辆庞蒂亚克 G6（这个活动还赢得了戛纳广告金狮奖）。营销活动在媒体上产生了轰动，但在销量上糟糕至极（低于预期的 30%）。活动所缺乏的正是没有告诉人们，假如我没能免费获得，为什么我要掏钱买一辆。而战略会引导你如何使用好这些新奇的营销活动，差异化概念可以被小心地以非广告的形式植入这些汽车之中。换句话说，你所深思熟虑制定出来的战略，是媒介整合传播的基石。这些新的营销方式会以广告之外的形式拓展传播你的销售信息。

第二步：戏剧化表达战略

创意人倾向于抵制以战略的方式做广告，对他们来说，这会限制他们的创意。他们有时将广告视为一种艺术形式。但对我来说，一位优秀创意人的角色，在于能用更好的引起消费者注意的方式戏剧化地表达战略。从某种程度上讲，这是在戏剧化表达购买理由。这可以是产品演示或对一个问题的戏剧化解决方案。无论是什么，它应该能够在你传递销售信息的时候吸引人们的关注。

宝马就是这方面的典范。早在 20 多年前，在与很多家广告公司合作之前，宝马就以一个戏剧化的概念向奔驰发起了进攻：“终极乘坐机器 vs. 终极驾驶机器”。今天，它们依然使用同样的概念，并成为世界上最成功的汽车制造商之一。伟大的战略既不会逝去，也不会黯淡。

第三步：废除广告创意奖

远离一切诸如戛纳和克里奥广告节之类的创意大奖。这些奖项只会让广告人认为他们是在制作电影，而非广告片，没有什么东西比这点对广告业长期伤害更大了。想想“克里奥的诅咒”，众所周知，很多克里奥奖获得者在捧回奖杯不久之后都丢掉了他们的客户。所有这些都在冲淡广告业本该具备的战略工作属性，这就好比律师可在法庭上，因创意表现而获奖一样荒谬。广告公司本应是协助客户解决问题并卖出产品的专业机构，它们获奖的目的是留住客户。

除此之外，广告主也开始意识到这样的事实，即获奖是为了让广告公司获取更多的客户，而不是帮助企业得到更多的生意。对于一个正在受到抨击的行业，这可不是一个有利的认知。

IN SEARCH OF
THE OBVIOUS

第5章

05

制造混乱的营销人员

企业的营销人员往往不能透彻地理解自己该把精力聚焦在什么地方。大部分营销人员不可救药地得了企业自大症，深陷各种复杂的项目中。难怪首席营销官的任期基本不超过两年。

“修修补补”的误区

《华尔街日报》报道说，雀巢公司即将离任的 CEO 彼得·布拉贝克（Peter Brabeck）在“给企业瘦身”。

布拉贝克发现，企业粗制滥造了 13 万种产品，而其中有 30% 的产品根本挣不到钱。因此，他启动了一项大胆的计划：剔除弱势品牌并精简公司组织架构。是时候和低淀粉的奇巧巧克力以及柠檬味的巧克力奶酪蛋糕说再见了（居然有这种产品，你能想象吗）。

雀巢公司所面临的窘境也在困扰着许多有着类似情况的企业，它们热衷于收购其他公司，已到了无法管理的程度。当你经营的产品包括狗粮、巧克力、婴幼儿食品、冰淇淋、咖啡等很多产品时，你就会很容易发现问题。

更糟的是，这些大集团公司，最后变成了几百位营销专员要么聚在一起捣鼓一些毫无价值的馊主意，要么聚在一起思考如何改进点什么。他们就是无法停止修修补补，这是一个明显的问题。高层管理者并没有意识到，正是由于“修修补补”才造成了混乱的局面。

在我的商业经历中，还从未遇到过一位新的营销经理，上任后四处看看后说：“一切看起来都挺好，什么都不用改变了。”

相反，壮志满怀的营销人员往往一开始就着手进行“修补”行动，他们想“做点成绩”出来，而“无所事事”会让他们感觉不对劲。

当企业的办公室满是营销人员时，对品牌不断地修修补补就是意料之中的事了。这样，他们才不会感觉无所事事。

Prell洗发水的营销人员说：“嘿，为什么不在我们原有的绿色洗发水系列中增加一个蓝色系列？”当然，这忽略了消费者的认知：如果不是绿色，它就不是Prell洗发水了。馊主意！

麦当劳的营销人员说：“嘿，最近比萨很火，在我们的菜单中加入比萨吧！”当然，这忽略了消费者的认知：汉堡包连锁店不可能懂得怎么制作比萨。馊主意！

安海斯－布希公司的营销人员说，“嘿，为什么不在我们的产品种类中加入干啤与冰啤？”当然不能，这忽略了消费者的认知：啤酒通常是生啤且不加冰块。馊主意！

大众汽车的营销人员说：“推出一款价值6万美元的辉腾（Phaeton）汽车吧。”当然，它忽略了这样一个事实：大众品牌在美国并不高端。馊主意！

比克公司（BIC）创始人比克先生仍在公司，于是营销人员忙于到处贴上比克的品牌，如在钢笔、打火机、剃须刀、连裤袜、香水，甚至帆船上。馊主意！

番茄酱大王亨氏公司（Heinz）的一些营销人员决定他们也应该生产芥末酱，同时为了节约成本，可以采用同一形状的瓶子。人们还以为是黄色的番茄酱呢。馊主意！

奔驰公司的营销人员认为豪华汽车市场还不够，并购克莱斯勒就可以到处出售各种型号的汽车了。馊的不能再馊的主意！

当然，他们也自然漏不掉对商标无休止的、代价高昂的修补。拥有最伟大商标设计之一的施乐公司决定更改其商标。它将大写字母“X”拆分成零星碎块来象征着“通往数码时代”。很不幸的是，这恰恰碰上施乐被曝光陷入严重的财务危机。新的商标设计唯一告诉人们的是，施乐正处于“支离破碎”之中。

幸亏，施乐的新任 CEO 和更精明的领导层成功说服公司重新启用旧商标。但最近他们又开始忙活了，把字母改成了小写，又添上和美国电报电话公司（AT & T）类似的球状标志。他们就是不能停止修修改改。

显然，正确的做法应该是顺应消费者的既有认知，而不是去违背它。但是，在企业内部看起来的“改善”，往往在顾客心智中制造了混乱。

一个品牌的方向一旦明确后，接下来的口号就应该是“把好方向，向前开”。一个品牌在顾客心智中只能指代一类事物。你想要品牌代表的越多，品牌在顾客心智中的认知就越模糊。无休止的“修修补补”虽然看似让营销人员忙来忙去，但从长远来看对企业或品牌造成了伤害。

提到无休止的修修补补，或者说更改一项原本成功的计划，没有什么比推动旅游业发展的一个案例更能说明问题的了。为什么这么说呢？出于政治原因。当新的行政人员上台后，他们马上就想大展拳脚。新西兰就是这么一个案例，它最新的推广口号是“地球上最年轻的国家”。你知道，人们通常想游历的是一个历史悠久而非年轻的国家，你说这个主意有多糟。

几年前，我被邀请为新西兰定位。它的定位显而易见，新西兰拥有令人难以置信的自然美景，任何到过新西兰的人都会认为这是一个“美丽的国家”。由于它拥有两个景色优美的岛屿，我们就可以引入一个戏剧性的提问：哪个岛屿最漂亮？答案是：南北两个岛屿都很漂亮。于是，定位就是：新西兰，世界上最美丽的两个岛屿。

这个概念保持了一段时间后，由于当政人员的变化，很快就被毫无意义的口号所替代了。幸运的是，即便是世界上最愚蠢的广告也掩盖不住它的美。

全能产品

多年来，我一直在谈“舍得”。换句话说，欲得必有舍。试图让所有人都满意的全能产品，势必会破坏那个让你独具特色或与众不同的鲜明认知。就像之前提过的，若沃尔沃汽车占据了“安全”一词，它就不能成为一部敞篷跑车或奢华轿车，去和宝马、奔驰一较高下。相反，它要在“安全”这个概念上不断创新。

无所不包是舍得的对立面，即提供功能尽可能多的产品。人们总是预测，未来融合性的产品将出现在计算领域、通信领域、消费电子领域、娱乐界以及出版界。

这类预测可以追溯到很久以前。1993 年 7 月 18 日，《新闻日》杂志的封面文章就曾预测，“大融合产品时代”会让录像带、音像店、报纸、电视频道、电话接线员、企业黄页、邮购目录、大学课本、图书馆卡目录、传呼机、录像机、支票簿和卡带机尽皆消亡（我猜你也注意到了，其中许多被预测将会消亡的东西如今还存在着，而且被广泛使用。有关这类预测就到此为止吧）。

最新的预测是，电话、视频以及互联网都会融合到电视机中，甚至卡通作家也在积极参与其中。其中我们印象最深的，是一位绅士肩上扛着一台大银幕的索尼设备，在屏幕上写着“大家好”。

如果认真研究历史，你就会发现产品融合后极少成功。超出自身应有能力范围的多功能产品很快就会陷入消亡的境地。

1937 年曾出现过平直两用飞机的概念，它是一种直升机与固定翼飞机的结合体，但其从未取得进展。1945 年的霍尔飞车或者 1947 年的泰勒飞行车也都未获成功。

1961 年的水陆两栖汽车首次把船和汽车结合了起来，但随后这个概念失败了（人们还是觉得把船停在码头，然后驱车回家这样比较简单）。

最近，我们看到了一台由美国电报电话公司（AT & T）所推出的 EO 个人通信设备，这是一部集移动电话、传真机、电子邮件、个人记事本等功能于一身的手写式电脑。随后，日本公司 Okidata 推出了 Doc-it，一台集传真、扫描和复印功能于一体的桌面打印机。最后，我们说说掌上电脑（PDA）或苹果公司的 Newton，它们是集记事本功能、传真、传呼、日程表管理等功能于一身的笔控式电脑。所有这些玩意儿如今都已难觅踪迹。这些情况都说明了：多则亡。

在《纽约时报》一篇名为“表现欠佳的智能手机”的文章中，作者乔·诺切拉（Joe Nocera）简要描述了一场正在进行的智能手机大战。Palm 掌上电脑过去在日程管理领域中获得了成功。接着，他们又推出了一款既不可靠又不起眼的 Treo，一种兼有通话功能的日程管理器。正如消费电子网站 Engadget.com 的主编瑞安·布洛克（Ryan Block）所评价的："Palm 已经迷失了方向。"但他们并不孤单。

黑莓手机拥有出色的邮件管理系统，但手机系统差强人意。摩托罗拉 Q 手机死机次数几乎与 Treo 不相上下。苹果公司的 iPhone 在音像与多媒体处理上一流，但邮件系统和通话质量很差劲。由于市场因素，每个人都想把所有复杂的功能塞进越发轻薄、时尚的手机中，同时还要配置一块更为耐用的电池等诸如此类。因此，手机设计师不得不做出妥协，这也意味着有一些功能运行得不会特别好。

这里也有公司历史传统的因素，所有智能手机厂商的起点各不相同。摩托罗拉原本就是做移动电话的，所以毋庸置疑的是，摩托罗拉 Q 的无线通信功能是最出色的。苹果公司过去是做 iPod 播放器与电脑应用技术的，因此它在音乐功能与媒体播放功能上做得相当不错。黑莓手机开始是一家做移动端邮件系统设备的公司，这也是它在邮件处理方面比其他厂商做得更好的原因。

要想制造一个多功能产品就得从某些方面做出妥协。设计师本可以将单一功能做到极致，但设计多功能产品的需求迫使设计师放弃这些，而为设计额外功能做出妥协。

一辆一流的汽车可以同时成为一艘一流的快艇吗？当然不可能。如果你想要一辆跑车，那就去买一辆法拉利跑车吧。想要一艘快艇？就去买一艘 Cigarette 快艇吧。

一级方程式赛车的轮胎可以同时成为日常用车的轮胎吗？当然不可能（赛车轮胎根本就没有胎纹）。

人们要的是品类中的精品，而不是混合多种功能的杂交品。

人们不想为了拥有其他功能而放弃原本更为重要的功能。尽管你能制造出来，但并不能保证消费者就一定会购买。

如果你的差异点是基于一种功能差强人意的全能型产品，而不是单一功能卓越的专家型产品，那可根本不叫差异点。

品牌分裂症

强势品牌都拥有一个鲜明的特性，如金霸王电池（Duracell）代表电力持久，多芬沐浴露（Dove）含有润肤乳。然而，如果患上“多重人格”分裂症，那么即使再强大的品牌也会逐渐衰弱。以通用汽车为例，雪佛兰、庞蒂亚克与别克之间有什么区别？通用汽车意识到了问题所在，并宣布裁减旗下的车型，但控制汽车品牌分裂的努力为时已晚。

通用汽车几十年来无休止的品牌延伸一直在损坏其品牌，而奔驰公司在不到十年的时间里也做到了这一点。以前，奔驰汽车拥有极高的品质、精湛的机械工艺并享有盛誉。然而现在，当你走进位于欧洲的汽车经销店时，你会面临以下选择：A 级、B 级、C 级、E 级、S 级、CLK 级、CLS 级、CL 级、SLK 级、SL 级、M 级和 G 级，销售价格在 2 万 ~ 20 万欧元。造成的结果是：在欧洲，奔驰并没有被列入顶级品牌的行列。占据这个位置的是奥迪 A8、宝马、玛莎拉蒂和捷豹。

通用汽车与奔驰的状况并非个例。一旦企业舍弃了其品牌的鲜明特性或定位，那么备感困惑的顾客开始流失，就只是一个时间问题了。1985 年，可口可乐公司推出了臭名昭著的新可乐（New Coke），一个身份模糊的新品牌。随后激起了消费者声势浩大的反对，企业随即恢复了大众熟知的经典可口可乐。你也许会认为可口可乐公司已经从这次经验教训中知道了拥有独特产品的重要性。可遗憾的是，如今它变本加厉，生产了 16 款不同种类的可口可乐，包括以下怪异品种：零度可口可乐（Coca-Cola Zero）、健怡可乐加（Diet Coke Plus）以及可乐 C2（Coca-Cola C2）。可口可乐到底指什么呢？怪不得可口可乐公司已经失去了它的活力。

在进行产品扩张时，有一些方式可以让顾客不产生困惑，避免客户流失。这些战略有一个共同点，就是要严格遵循品牌原有定位：顾客对品牌独特而首要特性的认知。例如，宝马汽车被认为是“终极驾驶机器”，几十年来公司众多的生产线也都没有逾越这一特性。若精心经营，出色的定位将永不过时。“终极驾驶机器”已经推广了 36 年，“万宝路牛仔”已经说了 54 年，还有那句“钻石恒久远，一颗永流传”已传诵 60 年。

你得竭力遏制营销人员对品牌进行修补的倾向。可除此之外，他们怎么才能“施展才华”呢？前面我说过，很少有新上任的营销人员说：“一切看起来都挺好，什么都不要改变了。”接下来发生的事，就是企业患上品牌分裂的毛病。

更致命的是，营销主管会将“品牌延伸”视作正确的策略。这种思想在麦当劳前营销总监（CMO）拉里·莱特（Larry Light）身上就发生过，他在一次演讲中所说的“品牌更迭”，或可称为多重寓意（如多重人格），是与定位截然不同的品牌打造方式。

宝马是否应该放弃其长期坚持的“终极驾驶机器”定位呢？难道应该走雪佛兰的路，去满足所有人的所有需求，以至于在顾客心智中什么都代表不了吗？（雪佛兰到底代表了什么？）

定位是如何使自己与众不同。只有坚守你的定位，才能在如今残酷的竞争中生存下去。自从可口可乐放弃了其传统的定位“正宗可乐”以后，它的路就没有走顺过。幸运的是，百事可乐也背离了“年轻一代的选择”这一战略定位，从而没让可口可乐变得更糟。

你是否曾意识到，麦当劳一直在寻找的只是口号而非定位策略？其实有一个定位机会，就在它宣称卖出去多少个汉堡的指示牌下。麦当劳拥有覆盖全球的餐厅，销售了数十亿个汉堡包，基于这点，我能找到一个强有力“领导者”定位策略。同时，这也涵盖了麦当劳是一个多维度的品牌。

它显而易见的定位策略就是：“全球最受欢迎的用餐地。”

对不起，拉里先生，“品牌更迭”不是你未来的发展方向。它只会使一个代表着某个特定东西的品牌，最终变得面部全非。

IN SEARCH OF THE OBVIOUS

第 6 章

06

以“显而易见”看待营销

市场营销人员想要做好营销工作，必须对市场营销过程有着非常透彻的理解：在他们所负责的事务里，哪些事务是重要的，以及如何去评估、执行工作。

营销的重要性

很久以前，被誉为管理咨询之父的彼得·德鲁克曾表达过一个富有深远意义的观点，但早已被人遗忘。他提道："由于企业的目的是创造顾客，所以企业有且仅有两个基本职能——营销和创新。营销和创新会产生成果，而所有其他职能都是成本。营销是企业最独一无二的职能。"

最近的一项对公司高层的调研发现，他们认为重要的职能列表排序是：财务、销售、生产、管理、法律以及人事。营销和创新根本没被列在其中。当你注意到近些年来很多品牌都陷入麻烦中，你应该会很容易想到德鲁克说过的话，他的意见也许能帮你避免如今的很多麻烦。

讽刺的是，惠普公司的创始人戴维·帕卡德就曾说过："营销实在是太重要了，不能授权给营销部门的人去做。"随着时间推移，企业高管并未用心研究营销和创新，相反他们把精力花在研究"标杆法”，而非营销典范上。

汤姆·彼得斯与他人合著的《追求卓越》极大地为“标杆法”的趋势煽了一把火。然而，做到书中所定义的“卓越”，也并不能确保企业长治久安，而且书中提到的标杆企业，很多后来都衰败了。回想起来，这本书的名字更适合叫《寻求战略》。

吉姆·柯林斯和杰里·波勒斯写过一本非常畅销的书，叫《基业长青》。他们在书中生动地阐述了，树立“野心勃勃的目标”是推动波音、沃尔玛、通用电气、IBM 等公司成为一流企业的关键。

这些作者所建议模仿的这些大企业都是在 1812 年（花旗银行）到 1945 年（沃尔玛）间成立的，这些企业当时不需要应对如今处于全球经济环境下的激烈竞争。但是我们还是可以从这些成功的公司身上学习很多经验，这些标杆企业在商业环境还相当单纯的时候，获得了难得的发展机会。因此，在当今激烈的竞争环境中，这些标杆企业对当下的公司并没有太大的参考价值。

如今，企业要面对来自世界各地、不断涌现的竞争者。同时，技术日新月异，变化的节奏比以往任何时候都快。对 CEO 来说，处理海量信息，做出决策变得越来越困难。

但 CEO 还是有未来的。

企业生存的关键并不是天天盯着资产负债表，而是要清楚地知道想要成功，企业的方向应该在哪里。如果连你都不知道该往哪个方向走，那不会有人愿意跟随你（包括董事会、经理人和职员）。

如何找寻正确的方向？想要成为一位伟大的战略家，你必须把你的关注点放在市场一线。你需要深入战场前线，在爆发营销战的顾客心智中寻找灵感。下面给出了四个实施步骤。

步骤 1：分析竞争环境

你的营销概念并非在空白市场上进行，身边有无数竞争对手在想方设法传播各自的营销概念。你的传播信息必须在当下这个品类的竞争形势下对顾客来说是合理而有意义的，这要求你从了解竞争对手的传播内容及顾客反应着手。

你真正需要的是已存在于你顾客心智中的“认知快照”。

然后，你需要分析在目标顾客心智中，你和竞争对手的认知强势和弱势分别在哪里。

步骤 2：明确差异化概念

差异化就是要与众不同，独一无二就是要自成一类。

你需要洞察的是能够将你与竞争对手区隔开的点，这里的精妙之处就在于，这个区隔点不一定非得与产品本身有关。

以马为例，按照品种我们可以将马分为赛马、猎马、田纳西走马、美国驯马等。同时，你还可以按照血统、表现、耐力、驯马师等区隔。在商业中也是如此，除了产品本身的差异外，还有很多方式可以让你的产品与众不同。

步骤 3：获得信任状

有很多办法能让你的公司或产品与众不同，秘诀就在于找到这个差异化，并利用它为你的顾客建立某种价值。

为了使你的差异化概念符合逻辑，你必须为你的差异点获得信任状支持，以使其更真实、可信。

如果你的产品与其他产品不同，那么你就应该展示这个差异。差异展示本身会成为你的信任状。假设你有一个防漏阀门，那么你就应该直接与那些易漏的阀门去比较。

没有证明的差异化概念真的就只是一个概念。比如，一辆宽轮距的庞蒂亚克看上去就要比其他车宽。宣称自己是“世界上最受欢迎的航空公司”的英国航空，就应该要比其他航空公司拥有更多乘客。奔驰汽车就应该工艺一流。

你的差异化概念不能毫无支持，因为顾客对广告天生怀疑，他们会想：“好吧，广告先生，证明给我看！”因此，你必须能够支撑你的差异化概念。

这不同于法庭上的诉讼，倒更像是在公众认知下的审判庭。

步骤 4：传播你的差异化

正如光芒不该被遮掩，差异化也不应该被隐藏。

即便你有一个与众不同的产品，也并不意味着生意会自己找上门。更好的产品不一定会成功，更好的认知才有可能成为赢家。在这个过程中，需要你的产品信息发挥一些作用。

所有的传播都应该传递你的差异化概念，无论是广告、产品手册、网站，还是推广活动。

美国企业界充斥着一群声称可以把员工潜能激发到巅峰状态的家伙，当然他们收费不菲。

你的手下不需要知道“如何释放我的潜能”，他们需要知道的是“什么使我们与众不同”。

这一点才是他们必须理解和运用的，特别是当这一点显而易见的时候。

简化营销

我开始意识到，你之前读到的很多营销上的失误都基于一个简单的原因：营销人员自己已陷入无可救药的困惑中。随着时间推移，越来越多的信息只会加重这种困惑。

专家学者已经写了不少“巨著”来探讨复杂的营销学及其功能。广告公司与咨询顾问也已为打造品牌建立了令人费解的体系。一家英国咨询公司提出的关于品牌在消费者心智中的九大要素，很好地说明了这种复杂度。这九大要素包括：功能需求、客观影响、功能角色、属性、核心评估要素、心理驱动因素、心理作用、主观能动性以及心理需求。之后咨询师再将这九大要素转化为一个“桥式矩阵”（救命啊！我困在桥上不知道该往哪儿走了）。

有一家营销公司推出了一本书，讨论了“消费者需求生态系统”。他们提出了一个“四步过程”：

- 绘制需求地图
- 探索消费动机
- 重构机会空间
- 量化最佳位置

这些专业术语想要表达的是：将你的产品融入日常不断变化的生态系统中，从而改变人们日常的生活、工作及娱乐方式（天啊，实在不懂他们在说什么）。

我给你两句话，有助于你了解营销的本质：

其一，市场营销的责任就是让企业所有人步调一致地“演奏同一首曲子”。

其二，市场营销的任务是将这首曲子，即差异化概念变为一致的市场营销方向。

我们来思考差异化的概念。什么才能被称为差异化？怎么找到它？这些都是一开始就要解决的问题。

为了帮助你回答这些问题，我建议使用下面这个定义：差异化就是具有竞争性的心智切入角度。

首先，差异化概念必须要从竞争角度出发，才有成功的可能。这并不意味着需要提供更好的产品或服务，而是必须具有一个与众不同的差异因素。它可以是更小、更大、更轻、更重、更便宜或是更贵，也可以是与众不同的分销渠道。

此外，这个差异化概念必须在整体市场上具有竞争性，而不仅仅只是针对竞争对手的一两款产品或服务。例如，大众在 20 世纪 50 年代末首次推出的“小型”汽车，就是一个绝妙的竞争性概念。那时，通用公司只生产宽大、笨重的车型。甲壳虫汽车取得了巨大的成功，因为它的差异化概念显而易见。

大众甲壳虫当然不是市场上第一辆小型汽车，但它是第一款占据消费者心智中“小型车”定位的产品。它以小为荣，而其他小型车却因为“内部空间不够宽敞”而愧疚。

“考虑一下小型车吧”，大众的广告说道（这个概念显而易见）。

其次，差异化概念必须在心智中具有竞争性。换句话说，商战是发生在潜在顾客心智中的。

在顾客心智中没有位置的竞争对手是可以忽略的。当约翰 · 施耐德推出棒！约翰比萨时，市场上已经有很多外卖比萨店了，但没有谁占据顾客心智中“更好原料”这个位置。

竞争性心智角度是一个关键点，能够使你的营销计划效果显著。这是一个你必须倾尽全力推动的点，以产生成果。但仅仅找到这个点还不够，为了完成整个过程，你需要将其转化为战略。

什么是战略？战略不是目标。就像生活本身一样，战略应该注重的是过程，而非目标。自上而下思考的人总是以目标为导向。他们总是一开始就设定好目标，然后尝试设计各种方法实现目标。

但大多数目标都不能轻易实现。设定目标容易使人产生挫败感。营销就像政治一样，是一门可能性的艺术。

罗杰·史密斯在1981年接管了通用汽车后，曾预言通用汽车会占据美国三大本土品牌市场的70%，而在1979年时通用已占据了66%的份额。为了完成这一伟大使命，通用汽车启动了一项耗资500亿美元的现代化工程。动作可真不小，可是罗杰却失败了。如今，通用汽车的市场份额仅有28%，而且持续下滑。他的目标难以实现，因为这是一个根本不合理的目标。

我认为，战略不是目标，而是一致化的市场营销方向。战略就是围绕选定的竞争性差异点而展开的一致化营销策略。大众汽车公司在“小型车”上取得了巨大的战术成功，但是它没有将这个竞争性差异点提升到一致化的战略层面。它忘记了因为“小”而取得的成功，却转而在美国市场上推出了一系列体型大、马力大的豪华车型，但其他厂家早已占据了这类车型的市场。这么做反而为日本汽车抢占“小型车”概念提供了机会。

其次，战略包含了一致性的营销活动。产品、定价范围、广告，所有这些构成市场营销组合的活动必须紧密围绕着竞争性差异概念展开（差异化概念好比特定波长的光线，而战略好比调整到那个特定波长的激光。想要进入消费者心智之中，需两者兼备）。

最后，战略是一致性的营销方向。战略一旦确立，就不应该改变方向。

战略的目的就是动员各方资源来抢占这个差异化概念。将所有资源专注于一个战略方向，你就可以最大限度地开发这个概念的潜力，从而避免由于设定目标所带来的局限性。

如何评估广告

在一次广告协会的会议上，一个基本的主题就是：“没有创意，广告难以发挥作用。”

这种陈词滥调已经被广告公司反复宣传多年。这一切都始于一场充斥着表格、图画、烟雾，但缺乏战略而预算昂贵的客户会议。

客户该如何做呢？假设你是这个客户，以下是一个如何评估广告的简短培训。

首先，由于你不能亲自和每一位顾客沟通，这时你就需要广告。你通过投放电视广告或平面广告来告知大家你的产品故事，任何一次广告投放都应该从产品的差异化谈起，也就是顾客选择我而非竞争对手产品的理由。你不能只打出一个毫无意义的口号，你的广告传播必须传递差异化及其带给消费者的价值。

如今大多数广告公司都会和你强调，广告应该与顾客建立起纽带。广告必须要让顾客喜欢，这就意味着广告不能具有太重的销售倾向。可人们又不会掏钱看广告，那么让广告本身招人喜欢又有什么意义呢？

你完全不必理会这类论调，我之前就写过，广告公司的基本职责就是将产品的差异化通过戏剧化手段呈现出来，从而让人感兴趣。顾客被媒体吸引是因为其娱乐性与资讯价值，而不是因为想要看到你最新的广告片。广告公司可以使用类似性感、幽默等方式去呈现，但前提是必须要告诉消费者购买的理由。如果你认为你的广告公司做到了这些，你就可以通过审批了，否则还得要求它们提供一些更为生动的版本。

一个不错的例子是关于百事可乐公司推广其旗下的纯净水品牌阿夸菲纳（Aquafina)。它的差异化是“绝对纯净”，这几个字被印在了瓶身标签上。电视广告除了呈现纯净水和品牌外，什么元素都没有，广告旁白说“纯粹无物”。它们出色地戏剧化地呈现了“纯净”的差异化概念。

有一点你要意识到，当人们看到一则广告时，他们就知道这是广告。此外，由于广告通常会打断人们正在看或读的东西，人们通常遇到广告时是不太高兴的。没有人喜欢被推销，所以坦诚的广告就会有优势。这种诚实让人放松警惕。对待坦诚的人，大家往往会给予一个积极的回应。如果你的产品丑了点，那么承认这一点，然后继续说它是非常可靠的，人们就会购买它。这也正是多年前比尔·伯恩巴克开始为大众甲壳虫写广告时所表达的。他们承认甲壳虫外形又小又丑，但同时也告诉人们它非常耐用。这并不是什么创意，它很坦诚地表达了自己，是个卓越的策略。

对我来说，目前最直白有效的案例之一就是Boar’s Head为其350种熟食产品所做的广告。广告坦率地将它的高品质肉类产品与竞争对手的产品进行了比较。它的诉求很简单：“不是所有的熟食都是Boar’s Head。”它说服了顾客为其高品质产品支付高一些的价钱。

另一个技巧就是让你的信息听起来像是重要的新闻。人们会留意新闻消息。新闻很有吸引力，容易使人放下被推销的戒备心理。相信我，如果你能让广告这么说：“在你换台之前，我有一些重要的新闻要告诉你”，那么你一定会让观众等着看的。

同时，也要当心广告太复杂。观众不会给你很多时间，所以你必须要让你的广告简单。传递一个信息要比传递两个信息好。简单些的视觉画面要好过夸张的视觉画面。一个简单的窍门：尽可能地押韵。这能让你所表达的内容更容易被记住。这也是人们更容易记住诗歌而不是散文的原因，押韵发挥了作用。拉尔夫·沃尔多·爱默生说的那句“耳朵是通往心灵之路”，就是对此最完美的表达。

当然，最重要的是，你要找到那个我不断强调的显而易见的概念。显而易见的概念往往会被认为过于简单和普通，缺乏想象力。就像我曾写到的，人们都喜欢一些有创意的想法，但实际中显而易见的方法往往更有效。

总之，当评估广告时，应避免毫无意义的口号，而要找到产品的差异点。然后评估广告是否让这个差异点足够凸显，信息是否诚实可靠，表达是否简单明了，是否包含了一些有意思的新闻资讯，并能让顾客感受到价值。假如广告涵盖以上某些或全部要点，广告就是有效的，反之则是无效的广告。如果做好了以上这些要点，那么就耐心地等着广告发挥作用吧。

广告需要一段时间才能植入顾客心智中，所以你必须坚持足够长的时间等着让顾客接受这些信息。当你对这些信息感到厌烦时，顾客可能才开始留意并记住它了。

如果你对这个主题感兴趣，不妨读一读《离经叛道的广告人》这本短小精悍的书籍，作者是鲍勃·霍夫曼。

如何评估品牌标识

上面这一部分谈的是如何评估广告，这是一项成本高昂的事务，如果没有做好，会造成极大的浪费。我认为企业还有一项费用高昂且浪费风险极大的事务，需要一些建议，那就是企业标识或者商标。

如果你出席过讨论企业标识或商标的会议，你会听到类似字形、印章或显著视角这类术语。颜色被赋予了情感，形状让标志产生了动感、优雅、感性的感觉效果。这一切都让人困惑不解，那么让我们开始尝试把这些内容梳理清楚。

标志跟随着人类已有数千年历史了。一块约公元前3000年的古巴比伦黏土牌上，就印有一个药膏商和一个鞋匠的铭文，古罗马军团也有类似的标志。在中世纪，每位配有骑兵的小公爵都会在他的盾牌上印有标志。到处都有饰章或盾徽。但是所有这一切全都会灰飞烟灭的，名垂青史的只有那些与之相关的人名或发生大战的地点名称。这些故事说明了什么呢？

它告诉我们，重要的并不是标志或符号，而是与之相关联的名字。

你可能会问："那个出现在所有运动鞋、短裤和衬衣上的著名耐克商标又为何如此著名？"

那是因为"耐克"这一名字赋予了这个商标丰富的内涵。耐克公司花费了上亿美元才把两者联系到一起，因此他们才能将这个标志贴到衣服上，而不必像名字那般锋芒毕露。这个符号仅仅是名字的替身。

讽刺的是，耐克的成功让其他公司都认为：“我也需要一个那样的图标。”可惜的是，我看到过一份调研报告，这份报告以名字加商标与仅显示商标的方式来对比知名度。结果可能会让你觉得很惊讶：能被认出来的、没有名字的商标屈指可数。尽管如此，百万级的资金还是被花费在像通用电气的花押字商标、美国哥伦比亚广播公司（CBS）的眼形图案和奔驰的三叉星标志上了。这些符号花了很长时间才被广泛认知。没有名字的关联，全新的标志不太可能被单独认可。

以美孚石油、赫兹租车和 IBM 这类最成功的商标为例。这些商标起作用的是名称，而非符号。美孚有个红色英文字母“O”。赫兹和联邦快递具备独特的凸版字体。美国航空的符号是个简单、中间有一组翅膀的 AA。可以这么说，在商标设计中，名字才是重点。

设计商标还有些其他的考虑因素，形状是其一。最好是长方形的设计，因为长方形最适合人类的视觉角度。但如果设计得过于细长或太扁平的话，那么其可读性也不太高。人们所犯的最大错误就是让设计出来的商标晦涩难懂。

相信吗？有些人会采用比名字大得多的标志符号；还有些人设计出体现品牌属性特点的字体，却不管这个字体能否很快被辨识出来；更有一些人选择了让人难以辨认的字体。选择商标时，易辨识性是最重要的考量因素。

以绝对伏特加为例。它独一无二的瓶子就是其标志。在广告中，它通过瓶子形状的视觉效果把商标突出地呈现了出来。

捷豹汽车同样拥有一个独特的外形，类似 Logo，让人们很快就能认出来。捷豹现在已被福特公司收购，但我发现这个外形正在被修改，这是一种非常错误的做法。

另外，颜色是企业标识的另一个重要考虑因素。例如，暖色（如红色、橙色和黄色）非常醒目，易于引人注意，这类颜色充满活力，适用于零售行业。蓝色则冷酷且稳健，能够收窄视野，显得相对高端。鲜艳夺目的颜色能体现出休闲与俏皮。

你所占据的颜色会成为你标志识别的一部分。

赫兹占据黄色，艾维斯使用了红色；柯达使用了黄色，富士则使用绿色；可口可乐采用红色，百事可乐选择了蓝色；联邦快递使用红紫色，UPS 使用了棕色。颜色是品牌识别的有效方法之一，只要确保别跟竞争对手的颜色一样。

你或许会问，那些没有使用品牌全名的商标怎么样？例如只选取首字母。这里你就得当心了，只有字母缩写已成为知名公司的昵称被广泛使用，才可以被用在商标上。通用电气的名字过于冗长，因此 GE 是一个很好的标志，因为人们习惯于使用这个昵称来代表通用公司。联邦快递的 FedEx 和国际商业机器公司的 IBM 也是如此。试想一下，人们如何叫出名为明尼苏达矿业制造（Minnesota Mining and Manufacturing）的公司，这就是它被称为 3M 的原因。

请谨记，昵称应当是由市场自然而然形成的，它源于人们的称呼习惯，切勿勉强制造昵称来强制人们去接受它。如果人们乐于使用公司全称，那么就应使用全称并以此为基础来设计商标。大都会人寿保险公司（Metropolitan Life Insurance）可称为 MetLife，但纽约人寿保险公司（New York Life）则必须使用 New York Life。

所以请记清楚，选择标志的时候，注意名称的可读性。颜色与字体比某些毫无意义的符号更为重要，除非这些符号代表公司的昵称。同时请记住，只有那些在市场上已被人们使用的昵称，才是真正的昵称。

心智厌恶改变

最近发生的三件事引起了我的注意。

第一件是关于维亚康姆（Viacom）[⊖]的调查，该调查发现孩子不喜欢公司推出的在线 MTV。这些原本喜欢 MTV 有线电视节目的孩子，似乎并不喜欢网络版的“MTV Overdrive”节目（数字说明了一切，相对于 MySpace 上 5500 万的用户，在线版 MTV 却只有不到 400 万名关注者，而高速发展的 YouTube 也仅有 1600 万名关注者。维亚康姆的电视节目每月则有 8200 万名观众）。

另一件事是关于纸质优惠券在与线上优惠券的竞争中是如何确保自己地位的。有人认为，互联网可以针对特定消费群体进行营销，相对于从周日报纸上剪下来的纸质优惠券而言，线上优惠券本应该更方便使用。可结果却是，这种老式费事的纸质优惠券成功抵御了新潮、方便的网上优惠券。

最后一件事是关于戴尔这家强大的企业最近遇到的问题。在这些问题中，我留意到其中一个是戴尔的电视机和音乐播放器产品很难打入消费电子市场。也就是说，“戴尔”这个强势品牌，没能让它的产品在增长快速的消费电子市场上占得一席之地。

⊖ 美国第三大传媒公司，于 1981 年 8 月创办 MTV 音乐电视网。——译者注这到底是怎么回事儿呢？好吧，亲爱的读者，因为这三家企业都违背了一个基本的原则：心智难以改变。人们习惯于在电视上收看MTV，从报纸上剪下来的才是优惠券，而戴尔是销售商务电脑的直销品牌。在市场上试图改变顾客心智是完全徒劳的，这是我多年前受到的教训。

那时，我们试图改变消费者对西联公司（Western Union）的认知，以使公司能够与20世纪的新趋势接轨。我们在西联公司多个业务上尝试了广告宣传，从卫星发射到高级通信服务，但没有一个获得成功。

几年的努力下来，人们还是将西联公司视作一家传统的电报公司。而我们的最终建议是：把公司名改为西星（Westar），并将西联品牌仅用于电报和汇票业务，除此以外别无他法。尽管这个建议不错，但没有被采纳。

自那时起，我看到许多企业在试图改变顾客认知上浪费了大量资源。施乐公司在说服顾客购买其非复印类产品上耗费了数亿美元，但就是没人购买。

大众汽车试图让市场相信它不只是生产甲壳虫那样小巧、可靠又经济的汽车，但因此丢掉了超过60%的市场份额，因为没人购买它生产的大型、高速豪华汽车。

Prell（宝洁产品），一个著名的绿色洗发水品牌，决定推出一种蓝色的款式，但人们仍然偏爱购买绿色，而不是蓝色。

百事可乐认为清澈透明的可乐是个高明的主意，却没有顾客这么认为。

一旦市场对某款产品的认知建立起来，想改变是非常困难的。正如约翰·加尔布雷思[⊖]所说：“当人们面临的选择是改变认知或是证明无须改变时，几乎每个人都会忙着去寻找不需要改变的证据。”

另一项研究结果表明，人们的心智更易接受已熟知的事物。营销领域普遍认为，一个全新产品的广告会比一个旧产品的广告更容易引起人们的关注，然而结果却是，相比新产品，人们对已经了解（或购买过）的东西印象更深刻。

一个名为 McCollum Speilman 的调查机构在过去 23 年中测试了超过 22 000 则电视广告，其中大约有 6000 则电视广告是为 10 个品类中的新产品做的。

他们发现了什么？拿新品牌与老品牌相比，10 个品类中只有 1 个品类（宠物产品）的新产品广告，展现出了明显的消费者说服力及触动了消费者的态度改变，也就是所谓的“新产品兴趣”。

在其他 9 个品类中，从药品、饮料到个人卫生用品，产品并不存在实质性的差别，消费者也没有迸发出多大的兴趣去区分新旧品牌。

由于市场上充斥着由数百个不同品牌投放的上千则广告，因此你基本可以排除期望通过不同创意来打动顾客的可能性。还是需要回到我们已经熟悉的东西——已让我们心感舒适的东西上。

麻省理工的教授迈克尔·哈默，在其著作《再造革命》中称人类天生对于改变的抗拒，是再造中“最复杂，最令人厌烦、苦恼和困惑的因素”。

为了帮助我们更好地理解抗拒这个因素，一本名为《态度与说服》的书中阐述了一些有洞察性的见解。作者理查德·佩蒂和约

⊖ 约翰·加尔布雷思（Galbraith，John Kenneth，1908—2006）美国经济学家、新制度学派的领军人物。

翰·卡乔波在“信念系统”的研究上花了很多时间。以下是他们对于心智为何如此难以改变的解释：

从一个资讯理论专家的观点来看，信念系统的本质和结构是非常重要的，因为信念是态度形成的认知基础。

想要改变态度，就要改变这一态度所基于的信息。因此，通常来说也就必须改变一个人的信念，去除旧信念，或者引入新信念。

没错，你需要改变一个人的信念。你能指望一则30秒的广告做到这一切吗？

所以，各位营销专家，我给你们的建议是：如果你的任务是去改变人们的心智，那么就不要接受这项任务。

简化“品牌打造”

把“品牌打造”当成市场营销的主题，未免太小题大做了，而这个主题却已经扩展到产品品牌之外的范畴了。摇滚乐队、电影明星甚至交响乐团也都作为品牌被讨论着，或许是时候该搞清楚这一切了。

我最近留意到，市面上有超过2000本把品牌或以品牌打造作为主题的书。过去人们常常认为这些书讲述的是关于商标、产品或公司名称的内容。而现如今这些书几乎变得难以理解了，它们除了讨论产品名称以外，还增加了关于产品独特性以及产品品质内容的讨论。咨询顾问也忙于兜售如何打造品牌的理论体系。别理这些了，让我们从头开始整理。正如沃尔特·朗涛曾说过的：“产品制造于工厂，而品牌则产生于大脑。”

过去，品牌名不过是在大脑中的一个词，一个用大写的字母拼写的合适名词。

但如今，在美国政府机构注册过的品牌名或商标名差不多有 200 万个。为了获得成功，拥有一个好名字将会起到不小的作用。

尽管如此，企业却不断地起着糟糕透顶的名字。最大的错误就是使用首字母缩写，如 USG、NCA 及 AMP。这些企业都来自《财富》500 强，但首字母的缩写名根本不是真正的名字，看了这些名字也不会有人记得。另一个问题就是，企业常常将原本的好名字改成糟糕的名字。英国邮政服务（U.K. Postal Service）将自己的名字更换成康西尼亚（Consignia），一个与邮政服务毫无关系的名字。经过媒体 15 个月对新名字没完没了的讥讽后，它不得不改回原本就很棒的名字——皇家邮政集团（Royal Mail Group）。大量的时间、精力和金钱投入，到头来制造了一个大麻烦——太不明智了。

最好的名字通常能够直接体现产品的价值，如“长效”电池、Windex 窗户清洁剂、“极护”润肤乳。

另一个诀窍是使名字听上去悦耳动听，如 Caress 浴皂或 NutraSweet 甜味剂。很多时候，心智是依靠听觉运作的，因此你要避免使用一些听着奇怪、硬造的名字，如 UNUM、Agillent 或 Zylog，而应寻找如悍马、讴歌这些听上去不错的名字。

现在，我们来讨论打造品牌。

品牌建设规划指的是，如何在所属品类中将自己的产品或企业与竞争对手形成区隔。因此，如果你没有一个差异化的概念，你就只能使用低价策略。以丰田为例，经过多年的努力，丰田汽车树立了一个强有力的定位：可靠。这个差异点让它成为全球汽车的领导品牌。

你可能会问：“难道大多数营销人员不是按这样的标准行事的吗？”

恐怕不是这样。一家名为Copernicus的调研公司，在48个不同的产品和服务品类里选择了48对领先品牌进行了研究。目的是了解，随着时间的推移，这些品牌会不会变得越来越相似并同质化。可悲的是，在这48个品类中，其中有40个品类被认知为同质化。

发生这样的变化，主要有三个原因：营销从“打造品牌”变成了“降价促销”；广告从“产品信息导向”变为“娱乐导向”（前面几章已做阐述）；除此之外，就是品牌传播没能找到一个独特的差异点，这致使整个过程由“品牌打造”逐渐演变为“价格促销”。同时要提醒大家的是，首先利用这种认知同质化发动攻击的是那些商业巨头，如沃尔玛和家得宝。它们会施加巨大的压力迫使你降价。如果顾客没有理由愿意为你的品牌多付点钱的话，得利的最终是这些商业巨擘。

这里涉及另一个问题：“为什么企业都有这样的麻烦？”

解决之道就在于要懂得如何去传递你的差异化。若你的产品代表了更快、更时尚、更安全或更新，那就会容易得多。但是，往往你需要去寻找那些非产品属性的特点，如领导地位、顾客偏好或是历史传承等特点。不管选择哪点，都要将其转化为目标顾客的利益。许多企业却不明白这些，它们传播的只是一些没有意义的口号。迈克尔·波特对此有很好的表述：

竞争战略是有关如何做到差异化，即有目的地选择一套不同的运营活动以创造一种独特的价值组合。战略的本质存在于运营活动之中——针对竞争对手，选择一套不同的运营活动或者以不同的方式实施运营活动，否则，战略不过是一个营销口号，经不起竞争的考验。

因此，“品牌打造”的定义就是，在潜在顾客的心智中建立一个具有差异化概念的品牌。

其实，它并不像说得那么简单。品牌打造过程中有一项艰巨的任务，就是“聚焦”，下一节将“聚焦”讨论这个主题。

简化“品牌打造”的障碍

在上一节中，我们尝试阐述了“品牌打造”到底是什么。它被归结为在消费者心智中构建差异化的认知，以及这种差异化的认知所能带来的价值。

然而，与创建一个品牌相比，让品牌免受内部压力从而导致毁灭就要困难得多。

内部压力之所以会经常对品牌造成影响，主要缘于企业财务人员所施加的压力。为了获得他们所期望的数字，企业往往开始做一些损害品牌的事情。

为了提高业绩，整个组织开始从原本令其与众不同的焦点上，转移到其他领域，它会实施一些逐渐侵蚀核心品牌的措施。它让“显而易见”的品牌变得模糊难辨。它做了本不该做的生意。比如，万宝路推出薄荷香烟，凯迪拉克销售小型凯迪拉克。有时候，它也会创立子品牌，认为这样就能为新的努力和尝试提供一个合理的解释。正如假日酒店的高端“皇冠假日”，顾客会认为对于一家假日酒店来说，“皇冠假日”的价格有点太贵了，所以它很难成功。

我们很容易理解以一个低端品牌开创高端市场的问题，那如果反过来又如何呢？答案也是喜忧参半。

Waterford 水晶试图推出其子品牌——伯爵 Marquis。价格便宜的伯爵水晶卖得越好，高端的Waterford品牌就越会被削弱。对于奔驰汽车品牌而言，道理也是一样的。企业越是推广便宜的车型，就越会侵蚀奔驰高端车型的市场。品牌是一种承诺，它的产品必须能够为顾客提供稳定的消费预期。

你可能会问："难道在一个品牌下就不能推出多种品项或型号了吗？"

当然可以，只要那些不同的品项或型号不会模糊了品牌的本质特点，即它与其他品牌与众不同的地方。如果亨氏是番茄酱的领导品牌，那么一瓶亨氏芥末酱在顾客心智中就失去了意义。如果耐克是"世界顶级运动员的穿着"，那么耐克高尔夫球就没有太大的意义，因为它不是穿着。庆幸的是，对于很多人而言，耐克高尔夫球是老虎·伍兹的专用品牌，所以若是老虎·伍兹牌高尔夫球，绝对要比耐克牌高尔夫球卖得好得多。

许多人问我，那为什么企业会做出这样的决策？

答案是：贪婪。我们经常可以看到，当新的管理层上任后，受到华尔街的鼓动，他们往往会将品牌业务延伸到合理范围之外。看看沃尔沃汽车最近的营销声明，它要求代理公司不要将广告主题仅局限于"安全"，并声称"只有安全是不够的"。大错特错！安全就应该是它的一切，它却拱手相让，这也使得日本汽车厂商占据了电子安全创新技术的领导地位。沃尔沃本应在"安全"上持续巩固，而不是将广告的重点转移到情感或那些毫无差异化的概念上去。

接下来的一个问题是："该如何避免失去焦点而削弱品牌的错误决策呢？"

答案是：舍弃。舍弃对企业有益。如果长期研究、观察品类发展，你就会发现增加更多产品会降低销售，而非有利增长。增加的产品越多，丧失差异化的风险就越大。

你有以下三种形式的舍弃：

- 产品取舍，或者说聚焦在单一类别产品上。如金霸王只做碱性电池，肯德基只围绕炸鸡供餐，美国西南航空只提供短途飞行。
- 特性取舍，或者说聚焦于产品的单一特性上。如诺斯顿百货关注“服务”，戴尔电脑只做“直销”，棒！约翰比萨坚持用“更好的原料”。你的产品或许可以提供多种特性，但你所传播的信息应该集中在你所想占据的某一个特性上。
- 目标市场的取舍，或者说聚焦于单一目标顾客群上，这会使你成为这个细分市场上顾客的优先选择。得伟（DeWalt）为专业者提供工具，百事可乐宣称是年轻一代的选择，克尔维特跑车（Corvette）专为想要变得年轻的客群设计。假如你想吸引其他客群，代价可能就是原本的客群会抛弃你。

总而言之，“建立品牌”就是通过一个差异化的概念将品牌打入消费者心智。关键就是在品牌所代表的产品或特性上保持聚焦，警惕贪婪。

无人负责的时代

当今的营销界真是有趣。首先，《时代周刊》杂志宣称年度风云人物是“我们”，也就是那些在互联网上写博客和聊天的大众。他们正在削弱新闻记者、政治家、知名人士，或任何一个能够成为他们目标的这群人的影响力。

紧接着，《广告时代》也宣称年度广告公司压根儿不是一家广告公司，同样是“我们”，即这些在网上分享视频、撰写博客、搭设个人网站的大众人物，在弱化广告专业人士的作用。对此，《广告时代》还做了解释，顾客是上帝。尽管《时代周刊》已捷足先登，《广告时代》依然坚持把奖项颁给了“我们”。他们解释道：“《时代周刊》选择普通消费者导向的内容，代替了以往那些世界领袖、提倡销毁核武器的领导者和拯救地球的环保人士。而《广告时代》同样选择‘我们’，代替了以往那些专业的广告创意人。”

对此，我确信自己的确看到了一种“精神病人掌管精神病院”的现象出现。如今的超级杯广告，似乎都出自外行之手。没错，一些营销人员在网络上争论的焦点竟然是，顾客自创的广告能否出现在超级杯的黄金时段中，每则广告耗资近 300 万美元。

究竟发生了什么？看来是时候像重新审视广告公司一样，重新审视“广告”本身的角色了。

营销就是如何使你的产品在顾客和潜在顾客心智中与众不同。关于这一点，我在这些年所写的书中反复进行强调，当然也包括这一本。因为，营销并非一场产品之战，而是一场认知之战。

因此，广告的作用就是把这个差异化概念或认知，推入顾客心智中。这里做个类比可能有助于理解：可以将差异化概念想象为一颗你要打入顾客心智的钉子，那么整体的广告传播活动就像一把将钉子敲入心智的锤子。

这样的话，“我们”对这些又懂什么呢？“我们”顶多搞出一些看似精妙的广告，却很可能缺乏一个选择你而非竞争对手产品的明确理由。这类广告只会让消费者冒出疑问：“他们究竟在卖什么?”假设企业的营销人员能事先对那些制作广告片的消费者或外行人士说明白，“我们的差异点在这里，我希望你们能把它戏剧化地表现出来”，这当然或许会有所帮助，但我依然存有疑虑。制作有效的广告是一门需要大量实践经验和训练的科学。它确实需要具备一定程度的艺术创造力，但绝不能让创意阻碍了销售信息的传达。大多数糟糕的广告，都是由于陷入娱乐导向，而非销售导向而致。我担心的是，娱乐才是那些“精神病人”真正想鼓捣的东西。对于他们来说，“销售”是个很肮脏的词汇。

最后，提一些对于互联网的思考，这是一个被认为正在发生消费变革的地方。正如我之前提到的，我们必须谨慎看待这些所谓的“变革”。譬如，我最近听说有些互联网公司在它们的营销活动中，采用了传统老式的产品目录。还真是让人意想不到啊!

这又是怎么回事儿呢?企业慢慢发现，互联网仅仅是一种新的营销工具罢了，并非很多人宣扬的对传统营销媒介的颠覆。原本产品目录上的信息可以利用互联网，更全面地展示出来，以便人们能了解更多，而目录本身的信息可以得以简化。这样一来，就可以设计得更好，着重传播品牌故事或品牌打造层面的信息了。企业意识到，产品目录在生动地讲述品牌故事和展示所售产品上，有很好的效果。但我认为，“我们”中没有人会考虑在设计产品目录上花费心思。

对我而言，这听上去才像是“管理精神病院”更好的办法。

IN SEARCH OF THE OBVIOUS

第 7 章

07

寻找“显而易见”的关键点

战略研究，应始于竞争。在当前竞争环境中，并不是你自己想要做什么，而是竞争对手能让你做什么。同时，还需要避免一些经常会犯的错误。这里，我还会分享两个我最喜欢的显而易见的战略。

重新定位竞争对手

这是我最喜欢的，同时也是非常强力的营销战略。但是，它却被人弃之不用。为何？其实我也搞不明白，也许那些自诩有创造力的人士认为它缺乏创意吧。这一战略被称为“重新定位竞争对手”，我与前合伙人艾·里斯合著的《定位：争夺用户心智的战争》[⊖]一书中对此有详细阐述。

简单来说，若要让大脑接受新的观点或产品，就必须要先清除旧的观念或产品。哥伦布说：“地球是圆的”，但公众认为：“不！不对，地球是平的。”

为了说服公众接受这个不同以往的新观念，15 世纪的科学家首先必须证明地球不是平的。其中有一个相当有说服力的证据：当航行在大海上的水手看到驶近的船只时，最先看到的是桅杆顶，然后是帆，最后才是船体。如果地球是平的，那么他们应当立即看到整

⊖ 此书中文版已由机械工业出版社出版。——译者注

艘船。

世界上所有的数理证明都比不上一个这么简单的、亲眼观察到的现象更容易让公众信服。一旦旧观念被推翻，兜售新观点就变得易如反掌。事实上，人们往往会主动寻求新观点来填补空白。

同时，也不要害怕冲突。重新定位的关键就在于连根摧毁现有的概念、产品或人物。冲突，哪怕是个人冲突，都能让你在一夜之间声名鹊起。如果没有尼克松，萨姆·欧文又怎会因为调查“水门事件”而闻名呢?（年轻人可是错过了这段历史哦。）

就此事而言，如果没有阿尔杰·希斯的伪证案，尼克松难道会声名大噪吗？拉尔夫·纳德之所以成名，不是因为他自吹自擂，而是因为他独自站出来单枪匹马地抨击当时世界上最大的企业。

人们喜欢看到泡沫破灭的景象。

泰诺（Tylenol）击破了阿司匹林（Aspirin）的泡沫。

“数百万人都不宜服用阿司匹林”，泰诺在其广告中如是说：“如果你胃部不适……或者患有胃溃疡……或者患有哮喘病、过敏症或缺铁性贫血症，那么在服用阿司匹林之前，请最好先征询一下医生。”

“阿司匹林会激发胃黏膜溃疡”，广告继续说道，“诱发过敏症或哮喘，会导致胃肠微量出血。”

“不过不必担心，幸好现在有了泰诺……”

在提及自己的产品前，泰诺广告用了 60 个单词进行以上陈述。泰诺止痛退热剂的销量随之大幅攀升。现在，泰诺已经是止痛退热药的第一品牌。简单却有效的重新定位策略居然可以成功地对抗像阿司匹林这种知名巨头，实在是神奇。

俄罗斯红牌伏特加刺破了美国产伏特加的泡沫。

“很多美国产伏特加看起来像是俄罗斯产的”，广告如是说道。接着字幕写道：“沙莫瓦（Samovar）产于宾夕法尼亚的申利；皇冠（Smirnoff）产于康涅狄格的哈特福德；沃夫斯密特（Wolfschmidt）产于印第安纳。而俄罗斯红牌则不同，它来自俄罗斯的圣彼得堡。”

宝洁公司最成功的案例之一就是推出了 Scope 漱口水。宝洁仅仅用了“药水味”几个字便成功地重新定位了祛除口腔异味之王——李施德林（Listerine）漱口水。有谁愿意自己的嘴里充斥着医院的味道呢？

20 多年前，宝马通过重新定位奔驰而成功地推出了自己的汽车产品。其广告的大标题是“终极乘坐机器 vs. 终极驾驶机器”。谁愿意开着一辆“带着轮子的客厅”到处跑呢？

泰诺、Scope、俄罗斯红牌等企业采用了重新定位战略取得了成功，催生了一系列类似的广告。但通常这些盲目的模仿者忽视了重新定位策略的本质。

“我们的产品比竞争对手更好”，这并不是重新定位，而是比较型广告，且效果不会很好。这类广告无法在心理上被认同，很容易被顾客找到破绽。“如果你的品牌如此优秀，为什么你不是行业老大呢？”

仔细观察对比型广告，就能明白它们为什么通常是无效的，因为它们没能为竞争对手重新定位。

此外，它们利用竞争对手作为自身品牌的对比标杆，然后再告诉读者或观众自己有多么优秀。这当然是顾客早已料想到的广告说辞。

除臭剂品牌 Ban 曾经刊登过这样一则广告：“Ban 牌除臭剂比 Right Guard、Secret、Sure、Arrid Extra Dry、Mitchum、Soft & Dry、Body All 和 Dial 都要好。”读者看到这样的广告，会说：“能不能来

点新鲜的？”

具有讽刺意味的是，重新定位策略在政坛也沿用至今，且大行其道。卡尔·罗夫成功地把约翰·特里称为“变色龙”而使其遭受重创，从而帮助乔治·布什树立起强硬领导者的形象。可惜，特里的竞选活动忙于将自己塑造成一个越战英雄，却忽视攻击布什的糟糕政绩。他们应该采用重新定位策略来攻击布什总统，指出布什“尽管强硬，但总是犯错”。

有趣的是，我也曾有机会帮助罗夫先生来扭转局面。在2006年的中期大选期间，我曾建议民主党利用重新定位策略来对抗共和党。建议显而易见：给布什政府和共和党头上扣上“无能”的帽子。这正是民主党所采取的策略，结果想必大家都知道了。

应对竞争

我进入营销界已有40多年，经历过曾经那段逝去的美好时光，也目睹了如今残酷的竞争环境。每当人们问我这些年都有哪些变化的时候，我总用一个词来回答——“竞争”。以前我曾认为的白热化竞争，在今天看来不过像是个茶话会。如今，任何一家企业都想在别人的市场中分得一杯羹。

正是由于世道维艰，生存的关键就在于：制定营销战略时，心中必须时刻牢记“竞争”二字。在竞争过程中，重点不在于你自己想做什么，而在于竞争对手能让你做什么。在接下来的内容中，我会在寻找显而易见的战略过程中为你提供必要的生存技能。

避开对手强势，利用对手弱势

当竞争对手在某事上已经建立声誉，我们就必须考虑在其他事上建立声誉。通常，对手与生俱来的弱点就是你可以利用的“其他事”。如果麦当劳的强势在于它是小孩子的乐园，那么汉堡王就可以利用这点，从而将其打造为大孩子的用餐地。多年来，人们认为底特律生产的汽车性能不稳定，丰田汽车就利用了这一点，占据了“可靠”这一属性。

但请记住，我们所谈论的强势和弱势都是顾客心智中的认知。营销战是一场认知之战，我们真正所做的其实就是在利用顾客心智中的认知。

对待竞争要心存敬畏

我们生活在一个竞争无处不在的时代。你需要意识到你其中的一个竞争对手，很可能正在开会研究怎么对付你呢。你必须要不断收集信息，了解竞争对手的计划。例如，可通过精明的销售团队、密切合作的客户或是通过某些调研机构来收集信息。

永远不要低估你的竞争对手。事实上，高估他们才能让自己更安全。AT & T、DEC、李维斯（Levi’s）以及佳洁士（Crest）都是由于低估竞争对手而给自身造成了巨大的损失。即使是强大的市场领导者也避免不了。

遭遇竞争，对手会不断完善自己

有些企业认为可以利用竞争对手的粗心大意来取胜。如果这么想就大错特错了。它们贬低竞争对手的产品或服务，并扬言自己可以提供更好的。可结果你瞧，一旦强大的竞争对手反应过来，并加以改善，它们所谓的优势就会瞬间瓦解。

租车业排行第二的安飞士确实更加努力，但赫兹很快进行了改善。有一天，赫兹刊登了这样一则广告，标题如下："这几年，安飞士总是告诉大家它是行业第二，那么现在我们来告诉大家原因。"

接下来，它列举了很多改进措施，从此安飞士再也没有能够恢复元气。永远不要围绕竞争对手的错误来制定战略，因为他们很快就能改正。

当对手生意遭遇威胁时，就会失去理性

无论在生活中还是生意场上，求生是一种本能。当威胁来临时，所有理性都会被抛至九霄云外。我喜欢用下面的例子来解释这种现象。

一家新成立的公司用一种新发明的独特工艺来包装嫩胡萝卜，这使得它的产品比市场上已有的两个强大竞争者具备更明显的价格优势。

为了在超市上架，它进入市场主要依靠价格优势而非产品优势。这导致现有竞争者只能立即跟着降价。而这又迫使新入者展开又一轮降价行动，紧接着对手又再一次跟进。

当董事会成员要求管理层就此事对竞争态势进行预测时，管理层认为那两家竞争对手不会再继续降价了，因为其价格已经"不理性"了。由于包装技术落后，竞争对手已经开始亏钱了。

一位董事会成员打电话问我对这个预测的看法。我告诉他那两家公司一定会继续这种"不理性"的行为，直到将这家新企业挤出市场为止。它们怎么会如此轻易地让一家新公司威胁到它们本来很稳定的

生意呢?

在接下来的一次董事会议中，新公司管理层得到建议：把新型包装设备出售给其中一家老牌公司，这桩生意让其赚取了不错的利润。

对企业的“理性”就说这么多了。

了解你的对手

前面我给出了制定营销策略的四个要点，内容包括利用竞争对手弱势、永不低估竞争对手等。接下来，我再多分享四个。

这些建议没有让应对竞争本身变得更容易。如果你想深入地了解这个主题，我建议你看看《商战》，这本书是我 20 年前与前合伙人合著的。它阐明了一种竞争战略模型，而你要采用何种竞争战略取决于你在市场上的地位。因此，了解你的竞争对手至关重要。

尽快压制小的竞争对手

在军事战争中，将领应对敌人攻击时，有一则重要的格言：

> 打击入侵者的最佳地点是当敌人在水中时，因为那时他们的机动性最差。其次是在敌人靠岸时攻击他们，因为那时他们的机动性相对有限。但最重要的是，不要让他们上岸，因为那时敌人会乘势推进。

这则格言同样适用于商界：你必须迅速击垮弱小的对手，以免他们形成气候。当德国和日本的小型车进军美国市场时，通用汽车踌躇不前以致错失良机。当其感觉在小型车上赚不到钱时，很快就为自己找到了“合理的”借口：美国人喜欢宽大、舒适的汽车。然而，他们错了。

相反，吉列（Gillette）剃须刀为了防御比克（Bic's）一次性剃须刀，推出了双层一次性刀片"好消息"（Good News）。当时，也许这些一次性剃须刀并没有让吉列获取丰厚的利润。但现在，无论在一次性剃须刀市场上，还是在利润丰厚的可更换式剃须刀市场上，吉列都占据着统治地位。

还需要注意一点，也许没有哪家企业比微软更擅长压制竞争对手。我的建议是：持续压制对手直到联邦政府出面干预，之后稍表歉意并暂时收敛一下。

面对更强大的竞争对手，要避免被击垮

现在我们来讨论事情的另一面。如何避开那些采纳我先前建议，去压制弱小的强大竞争对手呢？

两个字：小心。

最佳的对策是尽早隐匿起来，不要让竞争对手察觉到威胁。在不易被发现的领域建立自己的事业，当你形成规模之后再站出来与你的对手一较高下。

沃尔玛在成立之初，选择把店开在人口稀疏的郊区，因为那里的竞争对手主要是夫妻店。当它的规模和力量都储备得足够大时，它才转移到人口稠密的大城市，与实力雄厚的大商场相抗衡。

索诺（Sono）率先推出了小型便携式超声医疗设备，以期与通用电气生产的庞大的、昂贵的同类产品竞争。抢在通用电气进入小型超声成像领域之前，它已悄然在全球布局。时至今日，索诺几乎是小型彩超的代名词了。

美国西南航空公司也采用了类似的推广策略，最初在一些非繁忙的机场和有限的航线中建立自己的航线。从得克萨斯州起步，然后拓展到了西海岸，最后逐步延伸到中西部地区，现在已经包围整个东部。等到其他大型航空公司与之展开竞争时，它早已具备了雄厚的实力。另外，公司总裁赫伯·凯勒赫也采取了一些真正与其竞争对手不同的策略来降低成本：不提供食物，不接受预订，不提供转机服务，只提供单一机型。现如今，他不仅赞助了超级杯广告，还经常高调露面，事业如日中天。

一旦形势不利，就要转移战场

公司一旦打了败仗，形势就不会太顺利。即便是财力雄厚的公司，在这个竞争激烈的商业社会里也会遭受损失。企业最好在能够发挥自身特长的领域里发展。

由于在美国生产，李维斯的牛仔裤无法在价格上与跟进品牌抗衡。通过采用声明“正宗或原创”的战略，可以确立其竞争优势，为消费者找到支付更高价格的理由，同时也使企业具有充足的时间将其制造基地转移到境外。

家乐氏（Kellogg）玉米片就采用了这种策略击败了其竞争对手——脆谷乐（Cheerios）。家乐氏将战场转移到对其有利的地方，聚焦在“真谷物”上，公司采用传统的方式而非现代化工业方法制作。

应当将战场转移到你有竞争优势的阵地上来，以此差异化优势来打压竞争对手，而不应该总在对手有差异优势的地方遭打压。

先发制人

最后，你还要面对与竞争对手在规模和实力上存在的差距。如同战争，强大的军队通常会击败实力弱小的军队。对阵双方，人数较多的一方通常会赢得胜利。

如果对手即将大规模出击，你必须要先发制人，不断扰乱对手，打乱其阵脚，否则，你的阵地将很快被攻陷。

当 IBM 准备以小型 PC 冲击市场时，这就是 DEC 当时面对的局面。如果 DEC 在之前就推出性能强大的小型桌面电脑的话，那么将会极大地减缓 IBM 对市场的渗入速度，同时也会引发人们对 IBM 个人电脑性能和重要性的质疑。然而恰恰相反，DEC 没有主动出击，这给了 IBM 足够的时间改进产品性能并推出了新一代产品（XT 与 AT 型号）。

没过多久，DEC 就开始走下坡路。

解决方案 vs. 方向

无论是在营销、政坛，还是在生活中，当问题出现的时候，每个人都想寻求解决方案。我们都已经习惯为各种各样的问题寻找解决方案了。

有趣的是，多年的咨询经验让我逐渐认识到：寻找解决方案是一件愚蠢的事。复杂的问题不会有简单的解决方法，但是会有显而易见的方向。因为每一种情形通常包含太多变数，这可并不像解数学题。通常，你需要处理一些人为因素，其复杂程度足以让数学家抓狂。其他一些变数有竞争状况、个人算盘、颠覆性技术、外交和国家利益等。

一个长远的发展方向具有更大的灵活性，因为它给我们留有余地来处理一些预料之外的事。通常在一种复杂的情形中，只要知道自己的前进方向就足够了，这也是优秀战略的本质。

我用两个例子来解释这种观念，其中一个是商业问题，另一个是外交问题。两个问题都很复杂，也非常重要，但两者很类似。

第一个是关于通用汽车的。如你所知，对于一家 20 年来市场份额持续下滑的企业，是根本没有简单的解决方案的。当下的问题是：工厂太多，员工太多，有太多需要支付高额医疗费用的退休人员，还有一堆早已失去意义的品牌，这些品牌看起来相似，其名字念起来相似，价格也有重叠。在这种情形下，要解决问题就必须调整方向，而且这个方向很显而易见。通用汽车必须重新定位旗下的所有品牌才能使顾客知道土星、雪佛兰、庞蒂亚克、别克以及凯迪拉克之间的区别。换句话说，如果宝马代表着卓越的驾驶性能，奔驰代表着名望，丰田代表者稳定的性能，那通用品牌代表着什么？从各方面来看，正是要回归到阿尔弗雷德·斯隆多年前所做的，使通用汽车当时占据美国汽车市场半壁江山的事情（第 9 章将对此进行详细介绍）。

做到这一点并非易事，因为每个品牌都要有一个独一无二的定位、外型设计和定价，并且要独立运作。换言之，我们讨论的是个大手术，只要有必要，就要砍掉那些无法在残酷竞争中找到独特位置的品牌。短期内是不可能达到这一点的，这是一个长期的、渐进的过程。但是，至少它们知道了前进的方向，这是一个“显而易见”的方向。

通过第二个例子，我们要谈的是所有问题的一个根源，即伊拉克问题。你可能会说伊拉克的问题根本不是营销问题，这点我不敢苟同。我认为对于美国大众、国际社会以及伊拉克人民而言这就是一个巨大的营销问题。但是针对这个问题并没有简单的解决方案，这也是美国总统布什为了兜售他的想法而制造很多麻烦事的原因。每一个所谓的“解决方案”都被百般挑剔，最后都以失败告终。现在是时候来尝试营销一个“方向”了。

就像通用汽车一样，伊拉克有很多派别：库尔德派、逊尼派和什叶派。此外，又像通用汽车一样，目前外界试图迫使它们先把派别分歧放在一边，建立一个统一的政府，一个看上去和听上去观念一致的政府。很显然，这种“解决方案”并不奏效，因为这些派别之间并不相互信任。如果你了解历史，就会知道它们永远也不会相互信任。

因此，这里需要的是一个方向，一个能够适应伊拉克目前基本的现实情况的方向。更有意义的是，像通用汽车管理各品牌一样，要让每个派别独立运行。这就意味着这三个部落拥有它们自己的安全系统和立法权。联邦政府的唯一作用就是找到一种方法来分配石油资源（石油收入）使得每个派别都能在一定程度上为它们的民众提供繁荣富足的生活。生活富足是反对恐怖主义最有力的武器。这是为什么呢？因为人们很容易意识到，恐怖主义对于生意的发展是极其不利的。

那么，美国人会对这个策略买账吗？绝对会的。伊拉克的邻国会买账吗？答案也是绝对会的。国际社会会认为这是一个很好的方向吗？答案毫无疑问。此外，通过石油共享计划，伊拉克人民也极有可能认同这个方向。

最难营销的对象可能就是布什政府了，其在中东地区通过民主与自由思想来宣传统一理念。

当然，我懂什么呢，我只不过是一个搞营销的，一个推崇思考方向而非解决方案的普通营销人。

使命宣言

“显而易见”的营销战略就如同一家企业的使命宣言。企业一旦理解了差异化战略，就会坐下来将其浓缩成企业的使命宣言了吗？

不要有这样的指望！

既然沃尔沃汽车代表着“安全”，其显而易见的使命宣言应该是这样的：“沃尔沃的使命是制造世界上最安全的汽车。”

你认为沃尔沃会把这样的宣言挂在高墙上吗？不会的。在公司130个词的使命宣言中，第126个词才是“安全”（差点就不在使命宣言中）。

难怪沃尔沃要进入流行的运动车型市场，如推出C70敞篷跑车。在这些车型上，消费者再也看不到“坦克”外形的踪迹。假如一直这么做的话，它的生意迟早都会变成别人的。

当下企业认为，制定公司的使命宣言其实就是为了界定企业未来的发展目标，因此很多企业绞尽脑汁来推敲使命宣言中的每一个字。

如果你仔细探究这种做法，就会发现使命宣言有一种通用的构建方法。接下来，我来讲述常见的制定宣言的步骤，以及对各个步骤的评价。

使命宣言是如此诞生的：

- 第一步：展望未来（徒劳）
- 第二步：组建使命特别小组（浪费大人物的时间）

- 第三步：形成草稿（人多嘴杂）
- 第四步：宣传定稿（挂在墙上无人看）
- 第五步：实施目标（企业将一团乱麻）

就我个人而言，这样的宣言制作过程只会让大多数企业增加不必要的麻烦，并不会带来什么好处。

没有什么能比杰弗里·亚伯拉罕斯的书——《使命宣言册》更好地证明该观点了。这本书包含了 301 家美国顶级公司的目标宣言。在《营销杂志》的一篇文章中，一位名叫杰瑞米·布摩尔的先生耐心地统计了这 301 个使命宣言里最常用的词汇，下面是他的统计结果：

服务（230 次）	成长（118 次）
顾客（211 次）	环境（117 次）
质量（194 次）	利润（114 次）
价值（183 次）	领导（104 次）
员工（157 次）	最佳（102 次）

他还发现这 301 家企业中的大多数，其使命宣言都是可以互换的（莫非这些公司都在偷抄其他公司的使命宣言）。

波音公司写道："基本目标是平均每年的净资产收益率为 20%"（如果你意识到空客公司的成功，就知道这个目标并不现实，波音公司应该去关注生意而不是数字）。

甚至连政府部门也会思考构建使命宣言。空军就是其中最好的例子："通过治理及开发太空来保卫美国安全"（实际上就是想说它要当空中霸主）。

美国中央情报局的使命宣言围绕母爱和相关情感，有 200 个词，但没有提到"如何准确搜集情报"这个根本问题。

我们所看到的大多数使命宣言对公司的业务几乎起不了任何正面的促进作用。利维茨（Levitz）家具曾有这样一个使命：“用优质的产品和服务满足顾客的需求与期望”（这么棒的宣言也没能扭转它破产的命运）。

幸运的是，很多公司把宣言装裱在金框里，悬挂在大厅之上，而高层管理者皆因忙于自己的日程而忽视了它的存在。

一种简单的方法就是忘掉“你想做什么”。管理层应该把精力集中在“你能做什么”上面，这才是最有效的。

这意味着你要把核心的企业战略写进使命宣言里，要呈现出你“与众不同的差异点”，并解释如何通过抢占这个差异点、占据一个定位来挫败你的竞争对手。

波音公司的使命应该关注怎样在商用飞机制造行业维持其领先地位，而不应关注净资产收益率。

你也不必组建一个委员会耗时数周来制定公司的使命宣言，那是 CEO 和高层人员用一早上时间就能搞定的东西。简单明了即可。

施格兰公司的使命宣言有 10 句话，共 198 个词（来杯威士忌慢慢品吧）。

毕竟，如果一个 CEO 需要一个委员会来告诉他：自己企业的核心业务是什么，那么这家企业需要的就不是一个使命宣言，而是一个新的 CEO 了。

最后一步，不要仅仅把“我们能做什么”这样的宣言挂在墙上，而要把这条核心战略传达给公司各个重要部门，要确保大家能够真正理解其中的含义，同时要坦率回答大家提出的问题。

对我而言，使命宣言唯一的目的就是：确保公司的每个人都能够明白它。从某种意义上说，你是把“显而易见”的事实挂在了墙上。

领导地位：强有力的差异化

这是另一个我最喜爱的“显而易见”的策略。营销界最让我困惑不解的就是，企业不去利用它们的领导地位。麦当劳不应该说“我就喜欢”(I'm lovin' it)，而应该说自己是“全球最受欢迎的就餐地”。诺基亚不应该说“科技以人为本”（Connecting people)，而应该说自己是“全球手机第一品牌”。

领导地位是品牌最有效的差异化概念，因为它是为品牌建立起信任状最直接的方式，而信任状则是保证品牌品质的证据。

同时，一旦建立起领导地位，你的潜在顾客通常会相信你对品牌所说的一切（因为你是领导者）。人们倾向于将“大”与成功、身份、领导地位等同起来。我们尊敬和钦佩最强者。

强大的领导者能够成为品类的代表。这点你可以通过词语联想试验来检测领导地位诉求的有效性。

如果说出的品类名称是电脑、复印机、巧克力条和可乐，四个最常被联想起来的词分别是IBM、施乐、好时和可口可乐。

精明的领导者会进一步巩固其定位。亨氏占据了“番茄酱”一词，但它还进一步提取了番茄酱最重要的属性。通过“西部流动最慢的番茄酱”这句话来抢占番茄酱浓稠的特性。占据“流动慢”帮助亨氏将市场份额始终保持在50%。

尽管前面讲了很多被认为是领导者带来的优势，可还是有很多不愿宣传其领导地位的领导者。他们对此的解释通常是：“我们不想自吹自擂。”

好吧，不愿意自夸的领导者正是其竞争对手乐于看到的。当你历尽辛苦终于爬上顶峰时，你最好还是插上自己的旗帜，再拍几张照片证明一下。

此外，通常你可以找到很不错的方法来展现你的领导地位。我们最喜欢的领先口号莫过于“富达投资（Fidelity Investments），1200 万名投资者一致的选择”。另一个是泰特利斯（Titleist）高尔夫球——“高尔夫球第一品牌”。

如果你不去宣传你的成就，紧随其后的竞争者就会想方设法地玩偷梁换柱的把戏。

如果你不相信，就来看看下面这个传奇的故事。

长久以来，巴西有两大啤酒生产商——Antarctica 和 Brahma。Antarctica 第一，Brahma 紧随其后。

后来 Brahma 启动了广告活动宣称自己的领导地位。它在其销售点展示了一只竖着食指的手来表示自己是第一。惊讶的是，当它开始这样做的时候，Antarctica 还处于市场领先地位，但由于之前没有宣传过，所以也就没人知道它的领导地位。

时过境迁，猜猜谁处于领先地位？没错，是 Brahma。原因就是：当人们意识到他们饮用的啤酒并不是领导品牌时，会迅速转向 Brahma，结果就弄假成真了。

故事的寓意就是：人们在同情弱者的同时，却愿意选择强者。

最终故事的结局皆大欢喜，因为这两家公司合并了，现在大家都可以宣称自己是第一了。

领导地位有很多种形式，其中任意一种都可以成为有效的差异化方式。以下给出了几个从不同方面呈现领导地位的例子：

- 销量领先。领导者最惯用的手段就是宣称自己的销售情况是如何的好。丰田现在仍然是美国最畅销的汽车品牌，但竞争对手也可以通过其他计数方法宣称自己也是销售之王。克莱斯勒的道奇捷龙是最畅销的小型货车。福特的探险者是销量第一的SUV品牌。雪佛兰是美国领先的汽车公司。这些方法很管用，因为人们喜欢跟风。
- 技术领先。长期具备技术领先优势的公司可以采用这种策略与竞争对手进行区分。在奥地利，人造纤维生产商兰精（Lenzing）公司并不是销量第一的公司，但是它是“粘胶纤维技术的全球领导者”。在研制新型纤维以及改良纤维方面，它能不断突破技术，从而成为行业技术领域的先行者。康宁（Corning）公司则是玻璃技术的全球领导者。
- 性能领先。有些公司产品销量不是很大，但产品性能卓越，从而将自己与性能略逊的竞争对手区分开。著名的保时捷911车型就是这样，当它从你面前呼啸而过时，你就会知道它比路上任何一辆车的性能都棒。

领导地位是一个绝佳的平台，你可以借此来告诉人们你是如何成为行业第一的。就像前面提到的，只要你成为人们心目中的领导者，他们会相信你所说的任何事情，同时也会认为你懂得很多。

使公司强大的并不是所提供的产品或者服务，而是你在顾客心目中的地位。赫兹的优势是其领导地位，而不是租车服务的质量。守住领导地位要比爬上它容易得多。

你能说出一位爬上领导位置的公司名字吗？佳洁士在牙膏领域就做到了，这得益于美国口腔协会的认证（讽刺的是，高露洁凭借全效除菌牙膏又夺回了胜利，现在与佳洁士并驾齐驱了）。金霸王在电池行业也做到了，这得益于"碱性电池"一词。百威在啤酒行业做到了。万宝路在香烟行业也做到了。但这毕竟是极少数。

一项调研证明了这一点，这份调研从 1923 年起对 25 个领导品牌进行记录。现如今，其中的 21 个品牌仍处于第一的位置，3 个处在第二位，1 个处在第五位。

即便是行业排名也是很少变动的。如果将营销比作一场马赛，那它绝对是枯燥乏味的。自"二战"结束后的 56 年以来，美国排名前三的汽车公司在排行榜位置上仅发生过一次变化。

1950 年的美国汽车市场，福特超越克莱斯勒跻身第二。自此以后，排名顺序一直是：通用、福特和克莱斯勒。很单调，对吧？（直到有了丰田的加入才改变了局势。）

这种强大的"黏性"，这种企业或品牌维持其地位不变的趋势，证明了一开始争取到一个好位置的重要性。提升排名是非常困难的，然而一旦做到了，保持在这个位置上却变得相对容易。

当你到达顶峰，要让整个市场都知道这种情况。太多公司将自己的领导地位视作理所当然而从不加以利用。这就为竞争对手敞开了大门。如果你有了这样的机会，就要当着竞争对手的面，狠狠地关上门。

深入探讨"领导地位"

多年来，不断有人在质疑"领导地位是强有力的差异因素"。如果你还认为“成为领导者不是取得成功的关键”，那么我们就再多花一些时间来讨论这一话题。

首先，从数字上看。如果你研究各个产业的市场份额，就会发现一个简单却令人震惊的事实：市场份额往往呈现出等比排列。如果行业领导者占有 40% 的市场份额，排名第二的企业常常占老大的一半，即 20%，排名第三的市场份额是第二名的一半，即 10%，第四则是 5%。相信我，随着时间的流逝，这些数字会越来越精确。这也就是在说：老大棒极了，老二也了不起，老三岌岌可危，老四则劫数难逃。

通用电气的杰克·韦尔奇由于实践了这个原则而享誉盛名。他对员工说道：“如果在一项业务上没有做到数一数二，那我就会卖掉它。”他意识到的事正是我所说的“二元法则”。随着时间的推移，大部分市场最终都变成了两强相争（第 8 章会有关于“二元法则”的更多讨论）。

说到底，就是我们经常所说的：“成为第一胜过做得更好。”

现在我们继续讨论为什么领导地位是个强有力的传播信息。正如我在《新定位》（1996 年出版，《定位》续作）一书中所说的：“消费者在购买产品时，心中往往没有安全感。”根据消费者所要购买的东西，心理学家概括为五种心理风险，分别是：

- 金钱风险。它是否值得花这么多钱？
- 功能风险。它会像说的那样好用吗？
- 实体风险。它用起来安全吗？
- 社会风险。如果买了这个产品后，朋友和邻居会如何看我？
- 心理风险。如果买了这个产品，自我感觉如何？

换句话说，对大多数人而言，购买物品就成了一件承担风险的事情。这也是很多人不知道自己想要什么的原因。多数人买了自认为是需要的东西。基于这个前提，另一位心理学家提出了"羊群效应"的理论。他认为："我们倾向于认同多数人认为是对的事，在特定情形下我们会认为大多数人做的事就是对的。"

这正是为什么领导地位是一个强有力的宣传概念。它告诉了大家别人都在买什么，使得在购买产品时有足够的安全感。这也正是口碑营销是一种强有力的营销方式的原因，因为不断有人告诉你，他们买了什么，为什么要买。

举个"羊群效应"的例子吧。想想近几年购买SUV的狂热，打开电视就能看到这类车冲进丛林、穿越沙漠或者攀岩冰川。事实上，能有多少辆SUV真正驶离了高速公路呢？不到10%。要是问一个人是否愿意把车开进丛林里，他肯定会回答："什么？我可不想刮花我那价值4万美元的车。"你接着问，那你为何要买它？他们可能会回答："这很难说，没准有一天我会穿越森林。"想知道他真正购买的原因吗？那是因为他看到别人也买了这样的车。

近年兴起的MP3热也是如此。当你身边走过二三十个揣着iPod、塞着耳机的人后，你很难不去买一部（要不你认为自己肯定会错过他们正在听的东西）。

最后，领导地位可以有多种呈现方式，你大可不必到处嚷嚷你是行业第一。多年以前，凯迪拉克就用了一种很好的方式表达自己的领导地位。它的标语是："领导者需要贡献更多，这是我应该做的。"

耐克可以简单明了地表明自己的领导地位："世界顶尖运动员的穿着"（耐克肯定知道这一点，因为它雇用了世界上最优秀的运动员为其代言）。

有时候，当顾客已经清楚地了解到你的领导地位时，那就没必要再强调了。就像我提到过的，奇克尚风作为一个主导着冲浪板和滑板服装的时尚品牌，也许应该控制其规模并隐藏其优势。它的创始人曾被问到为什么不扩张到更广阔的渠道上时，他的回答是："广是'酷'的大敌"（可惜的是，它现在已经开始做女性休闲服，这样就不"酷"了）。

现在应该明白了吧。如果你想采用无意义的口号而不是去宣传自己的领导地位，那就请便吧。或者，如果你认为在落败中也能找到快乐，那我也只好祝你好运了。

"借船出海"

最近我看了一本名叫《蓝海战略》的热门书籍，其主要观点就是寻求和创造新的产品和服务（蓝海），而不是与在现有品类里的强大对手死拼（红海）。这绝对是一本好书。

这绝对是个聪明的做法。事实上，我们已经宣传这类观念好多年了。1981 年，我在《定位》一书中就曾提到过："成为第一胜过做得更好。" 1985 年，在我出版的《商战》一书中也曾提到过类似的观点："侧翼战就是进入到无人竞争的领域，以避开现有强大的竞争对手。"

作者是不是在借用前人的观点并基于这些观点进行创新呢？答案是肯定的。他们都遵循了爱迪生的建议："你的见解只需在当前要解决的问题上，保持原创性就可以了。"

解决问题最简单的方法是借用前人的观点。军械设计师借鉴了毕加索的创作艺术，才创造出了更出色的坦克伪装。

发明一件新产品最简单的方式，就是在已有的概念上做调整。流行歌手兼创作人保罗·西蒙曾被问及《忧郁河上的金桥》这首歌的灵感来自何处时，他说当时他的脑海里只有两首曲子的旋律——巴赫的赞歌和天鹅银调乐团的福音音乐旋律。“我所做的就是把两者结合了起来”，这的确是非常诚实的回答。

位于伯克利市的加州大学古生物学博物馆举办了一场恐龙骨骼的售卖会。博物馆请捐赠者赞助可用于组装的暴龙骨骼，捐赠者的名字将会出现在博物馆的纪念匾上。从 20 美元的尾骨到 5000 美元的头骨和下颚不等（让大家了解一下，一副暴龙骨架平均包含 300 块骨头）。

活动非常成功。人们都以小孩的名义赞助恐龙骨头，有的中学还举行糕点义卖以捐赠骨头。

知道这些创意是从哪里来的吗？都是借来的。这种资金筹措方式，类似于歌剧院向捐赠者出售专属座位。

你可以通过收集各种方案以增加解决问题的成功概率。如果遇到一个绝好的概念或有见地的策略，那么就把它们保留下来。从一份杂志、剪报还有电脑里的文件开始整理。在床头放一个记事本，在汽车里备一个录音机。

当你想为某些问题寻找解决方法时，翻翻你整理的东西吧。接下来，使用下面这个框架来利用前人的观点（下面的框架是通过修改亚历克斯·奥斯本的备忘录而来的，他是《应用想象力》的作者）。

- 替代。你能在方法、原料、配料或包装上找到一些可替代物吗？甜麦圈变成了玉米圈，成了一种更有营养的谷物。罗密欧与朱丽叶成就了《西区故事》，一部现代版的罗密欧与朱丽叶。
- 组合。你用什么可以与已有的点子融合起来？用什么配料、卖点、颜色或香料？立顿把水果、香料和茶混合在一起，推出了新口味。
- 改编。这个点子看起来还像什么？能复制到其他地方吗？索尼公司把自己的 Walkman 概念引入 WatchmanTV 和 Discman CD 上（这被称为产品或流程的“经营演化”）。可惜的是，它们错过了数码版的 Walkman，也就是后来的 iPod。这属于严重失策。
- 放大或缩小。如果你对它进行增补、延伸、加强或者删减，会产生什么效果呢？当 SUV 热销时，福特却把宝押在更大型号的探险者和林肯领航者上，通用则转向了悍马（可惜的是，SUV 狂欢已结束）。
- 挪作他用。现有的东西能放在别的用途上吗？美国力槌公司把小苏打融入冰箱除臭剂、腋下芳香剂和牙膏配料中。生活在宾夕法尼亚州科茨维尔小镇上的人们，把一座用木板搭建的老医院改成了流浪汉和低收入老人的避难所。
- 剔除。你能去掉些什么？土星汽车尝试消除顾客在汽车售卖过程中对销售员的恐惧和厌烦感。太阳马戏团去掉了马戏团里的帐篷、动物和小丑，获得了让巴纳姆贝利马戏团难以企及的巨大成功。
- 反向或重整。看看事情的反面或背后会得到什么？把冷水瓶的物理过程反过来就能得到热水瓶。

- 转换客群。是否存在一类适于你的产品而被忽视的客户群？可尔丝（Curves）专注于为女性顾客提供健身器材，而忽视了男性顾客。劳氏（Lowe's）开设的家装店也只针对女主妇，跳过了那些强势的包工头。两者都取得了巨大的商业成功。

《人性的弱点》的作者卡耐基，就是一位非常有名的借鉴者。他曾写道：“我所宣扬的观点并不属于我，我是从苏格拉底那里借来的，从切斯特菲尔德那里偷来的，从耶稣那里窃来的，之后我把这些所得编成了一本书。如果你连他们的这些观点都不认可，那你还能认可谁呢？”

蓝海战略所提到的概念多数都是借鉴来的。

应对变化

不久前，一篇文章吸引了我的注意力，标题是“柯达在胶片与数码之争中受到的冲击”。文章详细提到了，分析师开始质疑这么一家几乎与“胶卷和相片”画等号的公司，其在个人摄影市场上的未来会怎样。这确是一个值得讨论的问题，因为这个案例触及以下这个问题：在一个变化的时代，即便最强大的品牌也要面对变化所带来的影响。要弄明白，我们还得研究历史。

像美国电话电报公司（AT & T）和通用汽车（GM）一样，柯达（Kodak）成为受困于竞争以及新技术发展的典型代表。因其辉煌的历史，使得它们对企业品牌和商标寄予了过高的信念。在它们看来，任何想做的事都能成功。

成功的大企业常犯的一个原则性错误是自视甚高。这类公司的感觉就是："只要在产品上加上我的品牌名，任何东西都能卖得掉。"

并非如此，尤其是在你闯入别人擅长的领域时。此外，人们也愿意尝试某个替代品。所以，如果你还在孤芳自赏，那就请抓紧吧，因为一旦出现了更有吸引力的替代品，你很快就会失势。

19世纪70年代，纽约州罗彻斯特市的一位年轻银行职员乔治·伊斯曼，对摄影产生了浓厚的兴趣。但当时的湿版摄影设备非常笨重，以至于人们没法在旅途中带上这样的装备。要知道相机只是摄影家所带的全套摄影装备的一小部分。在母亲家的水槽里，通过无数次实验，并配合自己的新专利滚动支架，伊斯曼发明了摄影干版和明胶乳剂涂层纸质胶片。至此，小型相机成为可能，至少人们到哪都能带上易用的照相机了。

品牌的名字——柯达，则是伊斯曼的另一个发明。K碰巧是伊斯曼最喜欢的字母，他钟爱这个名字的原因还在于它简短、易读，与行业里其他牌子不同。不管是过去还是现在，这都是一个响亮的好名字。

在好名字的基础上，他还想了一句极好的定位广告：

柯达相机，

只需按下快门，

其余的交给我们。

接下来的事就众所周知了：摄影业成了一个庞大的行业，那个黄色的小胶片盒成了它的标志。一切都一帆风顺，直到一个强大的对手出现了。

20世纪70年代末，在美国市场上，由于日元疲软而让一个强大的竞争对手找到了立足点。富士胶卷凭借其绿色的胶片盒进入了美国市场，燃起了与胶片巨头柯达的战争。凭借提供价格低廉且品质接近的胶片，富士胶卷在 20 世纪 80 年代和 90 年代期间抢占了美国市场的大量份额。1996 年，柯达占据 80% 的市场份额，而富士只占 10%，但到 2000 年，柯达已降至 65% 的市场份额，富士则占了 25%。

柯达所欠缺的一课就是：领导者要学会封杀。柯达耽误了很长时间才通过大幅降价来应对富士的低价策略。竞争法则要求产品必须保持一个合理的价位。即使是自负的万宝路也明白这个道理，它也会采取大规模降价来应对低价香烟品牌的竞争（尽管股票价格会受到影响）。

由于柯达没有及时封杀富士，同时由于两个产品之间巨大的价格差异，消费者慢慢地了解到富士胶片的冲洗效果和柯达一样好。1984 年，在争夺“夏季奥运会指定胶片赞助商”的头衔中，柯达败给了富士。这使得富士在顾客心目中的替代者形象得以巩固，而不再被顾客认为仅是一个低价的品牌了。

绿盒子成了黄盒子的替代选择。

应对富士的竞争是一件事，但是后来应对数码照相时代的到来，可能就是柯达所遭遇到的终极生存考验了。要想在新世纪生存，柯达必须转向更先进的数码成像技术，而这与老技术差别甚大。柯达面临着来自美国和日本的残酷竞争，对手如惠普、索尼以及佳能，而这些对手早已习惯了在数码科技时代下快节奏的变化方式。很多人认为柯达生产数码相机获利的可能性较小，众多评论家也认为柯达通过革新从而跻身美国一流数码公司的目标会最终落败。

我同意这个观点，尤其对于“柯达”这一品牌。

正如我常提到的，如果你因为某个概念而闻名，市场绝不会让你再代表另外一个概念。柯达在市场认知上代表着胶片而非相机。在我们的认知中，尼康代表相机，所以尼康更有机会在数码相机产品上取得成功（新一代相机）。

如果你把这种新型相机视为“电子类”产品，那么惠普、索尼、佳能这些公司则更有机会在数字图像系统领域做大。

因为每一个新生的细分市场领域都有自己的领导者。一旦数字成像技术已经起步并形成一定规模，柯达，这个胶片成像技术领域的领头羊，就难有机会成为数字成像技术领域的龙头了。

柯达最好的做法本应该是在多年前就进入该领域，在该领域发展初期收购一个品牌或自己推出一个全新品牌。具有讽刺意味的是，数码成像技术实际上就是由柯达的一位科学家发明的。尽管这种技术会对胶片业务造成潜在的威胁，但它也应该得到扶持：自我攻击总比被对手攻击要好。

柯达这个品牌只能留给胶片。新的品牌或公司应该与柯达保持距离，并独立运营。如果柯达的总部设在纽约的罗彻斯特，那么新公司的总部就应该越远越好，比如设在硅谷的某个地方。

对于柯达来说，这类提议是很难被接受的，因为这侵害了其主业的利益。但是如果它仍然试图让这个百年胶片品牌代表一个非胶片产品，未来的前景依然不会太明朗。

“显而易见”的敌人：大

两篇有关大集团企业的文章再一次引起了我的共鸣。第一篇是关于通用电气对其股价的不满，还有它正在出售塑料事业部的事。另外一篇是关于花旗集团，因落后于同行对手（如高盛和摩根大通）的业绩而导致的股价问题。

花旗的这篇文章对集团化的发展模式提出了质疑，同时指出缺乏那类能同时管理多种不同业务的人才。桑迪·威尔把多种不同的业务集中起来管理，这些业务包括全球消费者信贷、财富管理、投资银行以及企业贷款。

几年前，我曾写过一本叫作《大品牌大问题》的书，其中有一章的标题是“企业越大，管理越难”。

当你准备研究“做大”这一课题时，你会很快收集到大量的研究与分析，均在热烈讨论企业是否越大越好。当我研究完之后，就想弄清楚这些企业 CEO 在疯狂并购时究竟在想些什么。

在一份详细的研究中，两名经济学家用 400 页的篇幅分析了有关企业文化里的典型神话：这些组织机构庞大的工业巨头是不断提升经济效率的产物。在 1986 年出版的《求大综合症》一书中，作者指出企业沉迷于扩张规模，是美国经济衰退的关键。

事后表明，“经济衰退”的说法并不恰当。当我们朝着经济扩张的目标高歌猛进时，结果往往会事与愿违。此外，他们也没有注意到，不需要任何政策来阻止“求大”导致的糟糕结果，这些大企业往往从内部就开始瓦解了。还有，他们没有意识到正是由于大量小型企业在高科技领域的开拓，才推动了我们国家经济的增长。

经过大量的原创性研究及观察后，作者最后总结到：这种规模巨大的集团公司不仅没有提高企业的生产效率，反而使生产效率显著地降低了。

难怪这些大企业正在用新式的小型工厂来取代那些庞大、复杂的制造体系。企业也逐渐发现员工已经无法解决由于规模和复杂性所带来的种种问题。

经济学家的研究确实有触及大型企业的管理难度课题，但对我而言，最好的关于经营规模的分析来自一位叫罗宾·邓巴的英国人类学家。在一本名为《引爆趋势》的畅销书中，作者马尔康·葛拉威尔为我们介绍了邓巴。他的研究围绕着“社会容量”这一课题展开：人类究竟可以管理多大规模的组织，同时组织内的成员还要感觉到自在。他认为人类社会组织的规模是灵长类动物中最为庞大的，因为我们是唯一可以利用大脑来应对社会复杂问题的动物。他观察到，能保持良好社会关系的组织人数大约是 150 个，在这个人数范围内，人们可以真正地相互了解，并清楚彼此之间的关系。

从邓巴的研究中，葛拉威尔摘选出以下观点来说明组织规模庞大所带来的问题：

在一个更庞大的组织里，你不得不设立复杂的等级、规章、制度和措施以建立忠诚度和凝聚力。但是邓巴认为，低于150这个规模，是完全可以以非正式的方式达到同样的目的的。“在这种规模下，可以实现有效的秩序，在以个人忠诚度和人与人之间直接联系的基础上，人们不守规矩的行为可以得以有效控制。超过这个规模，将无法做到这一点。”

通过并购扩大企业规模同样也是大麻烦。

19 世纪和 20 世纪交替之际，产生了很多企业巨头：通用电气（8 家公司的联合体，控制着 90% 的市场份额）、杜邦（64 家公司的联合体，控制着 70% 的市场份额）、纳贝斯克（27 家公司的联合体，控制着 70% 的市场份额)、奥的斯电梯（6 家公司的联合体，控制着 65% 的市场份额）及国际纸业（24 家公司的联合体，控制着 60% 的市场份额）。

但是那些美好的时光已经结束。过去的 30 年是哀鸿遍野的 30 年：20 世纪 70 年代的集团企业通常无法实现预期利润；80 年代的大规模收购常常导致企业效率降低，并使得企业承担超出其偿还能力的巨额债务。此外，融合不同个性的企业所需要的时间比预期的要长得多。这让我们的华尔街朋友焦虑不安，他们把这种现象称为“企业文化的冲突”。

给大家讲一段关于“做大”的个人经历作为结尾。很多年前，当我在通用电气开始我的营销职业生涯时，第一项任务就是推广一种叫“电厂承包”的计划，其概念就是把一整套发电设备出售给发电厂，因为只有通用公司才能制造出所有设备来。但这项计划失败了，因为发电厂希望自己来选择自认为最满意的设备来进行组装。

下一项是“通用厨房”计划。这项计划主要针对家庭主妇，为她们提供所有必需的家用电器，因为只有通用公司才能提供所有的厨房电器。但是计划也没有成功，因为主妇希望自己来布置厨房。她们喜欢自己挑选感觉最满意的厨房电器。

两个前车之鉴。

这两个教训都指出了一味“做大”的问题所在，消费者压根就不会被打动。他们要的是最出色的产品，而面面俱到根本不具备说服力。事实正相反，常识通常会告诉消费者：你不可能把所有事都做到最好。

明白了吧，大公司们？

常犯的营销错误

在竞争激烈的今天，你一旦失误，对手就会马上抢走你的生意。除非对手犯错，否则想要把生意夺回来的可能性极小。指望对手犯错就如同指望在赛跑中对手摔倒一样：不会经常发生。

以下是在如今激烈的竞争环境中，营销界最常犯的错误：

- 产品跟风。很多人认为营销的基本作用就是让潜在客户相信你能提供更好的产品和服务。他们常常这样跟自己说："我们也许不是第一个（进入这个行业的），但我们将做得更好。"这也许是事实，但如果你来晚了，还想跟那些已经立足的强大对手一较高下的话，这样的营销战略很可能就是错误的。跟风没办法争得对手已占据的市场。
- 你在卖什么？这个问题可能让你很惊讶，但是这些年我花了很多时间在这一问题上面，帮助企业弄清楚它到底在销售什么。换句话说，你需要以简单易懂的方式来界定自己的产品想要占据的类别。无论大企业还是小公司，通常都很难描述清楚自己的产品，尤其当产品是一个全新品类且使用了全新技术的时候。成功的营销源自你能简单地、有效地说明你提供的是什么。不要故作聪明或过于复杂。
- 真相终将胜出。每年都有很多准企业家由于不明白"营销是一场认知之战"这一简单的事实而栽跟头。营销人员沉浸于调研以及"获取更多事实"，他们分析各种情况以确保真理掌握在自己手中。然后，他们满怀信心、干劲十足地杀入营销竞技场，有恃无恐地认为他们拥有最好的产品，并深信这些好产品最终能被市场接纳，但这都是错觉。事实上，根本不存在客观的现实，不存在真相，也不存在最好的产品。在营销的世界里，所有真正存在的就是那些消费者或潜在顾客头脑中的认知。这些认知才是现实，其余的都是假象。

- 概念跟风。跟风推出同样的产品已经够糟了，跟风使用别家的概念同样是大问题。其原因是消费者心智中无法对两家企业建立相同的认知。当某个对手在消费者心智中已经占有某个定位或字眼，再试图去抢占同一个字眼的行为是徒劳的。丰田在消费者心目中是“可靠”的代表。有许多其他的汽车企业，如奔驰、通用汽车等也试图通过宣传“可靠性”的营销活动来开拓市场。但是除了丰田外，没有哪家公司能够在消费者心智中树立起“可靠性”这一形象。
- 我们非常成功。就像我以前谈到的，成功通常会导致自大，再之后会导致失败。当人们获得成功时，他们可能会变得不客观。他们通常会用自己的判断来取代市场的真实情况。

  随着不断成功，很多公司变得越来越自负，如通用汽车、西尔斯和IBM，认为自己无所不能。成功会带来麻烦。
- 满足所有需求。当你试图满足所有人的需求时，你肯定会碰到麻烦。一位经理人曾经给了一条很好的建议，他说：“与其处处弱小，不如某处强大。”这种面面俱到的想法就是我们提到的“品牌延伸”问题，即试图让某个成功的品牌在消费者心智中代表更多的东西。这是一种常犯的错误。
- 数字为王。大公司都因此陷入了困境。一方面，华尔街在问：“你们下个月、下个季度、下一年的利润和销售增长会是多少?”另一方面，无数个竞争对手也宣称：“只要有可能，我们都不会轻易让你的业务增长。”

这之后会发生什么呢？接着，CEO会对华尔街撒谎并转而告诉营销人员对于利润和增长的期望。营销人员随之慌乱地跑回办公室想办法达到那些不合理的数字，从而轻率地预测利润增长，而这么做往往会导致错失机会、股价下挫甚至伪造账目的行为。但是更糟糕的是，它会导致错误的决策。

当恐慌来临时，他们经常会陷入“品牌延伸”或“面面俱到”的陷阱中。他们不是聚集力量把某个方面做强，反而为了数字上的增长，选择了处处都不强的策略。他们只希望在酿成严重后果之前得到晋升。

- 不愿自我攻击。很多文章提及DEC、施乐、AT & T和柯达这样的企业时，都记录了它们从缓慢增长到高速增长所付出的努力。而当企业面临所谓的“颠覆式技术”的挑战时，情况则会恶化。DEC面临桌面电脑革新，施乐面临激光打印浪潮的冲击，而柯达面临数码相机的挑战。

这虽然很困难，但在这种情况下，领导者也别无选择。他们必须找到正确的方法转移到更好的概念或技术上，即便这样做会影响到他们的核心业务利益，否则，企业未来将前途未卜，尤其当该技术不断发展完善并越来越流行的时候，关键在于如何去做。

IN SEARCH OF THE OBVIOUS

第 8 章

08

寻找“显而易见”的基本法则

在另一本书中，我曾写到过营销法则，其中很多都对寻找“显而易见”至关重要。忽视它们，后果自负。

听觉法则

要想对人们的心智产生巨大的影响，你的营销策略必须符合听觉法则。

有没有人问过你，视觉和听觉哪一个更有影响力？很可能没有，因为答案显而易见，我敢打赌，你一定深信视觉比听觉有更大的影响力。如果你不反对的话，我们可以称之为“视觉沙文主义”，但这是大多数营销人员的固有观念。

我还敢说，你很可能会引用早于耶稣诞生 500 年的中国先哲所说的一句话来证明：“一图胜千言。”

这句话——注意，影响你的是这句话，而非图画——流传了 2500 年，而且从势头发展来看，它还会一直流传下去。有哪位广告公司主席、创意总监或艺术指导在他的职业生涯中，未曾引用过这句话呢？

在分析了成百上千个成功的定位项目后，我们得出一个惊人的结论：所有的定位项目都是由听觉引领的。没有一个定位概念是纯视觉的，难道中国的圣贤先哲说错了？我们的研究发现，人类心智的运作基于听觉，而非视觉。也就是说，一图胜不了千言。

如果你只是浏览杂志或报纸上的图片，你很可能不清楚是什么意思，但如果你读一读文字，很快就能对要表达的内容一清二楚了。

尽管日常生活中有诸多实例，但传播人员仍然患有“文字恐惧症”，对文字传播存有偏见。为了直接弄清原因，我们试图找到中国的圣贤先哲当年到底是怎么说的。我们找到中文原文，并翻译过来，他们原话是说：“一图值千金。”不是“千言”，而是“千金”！

我们马上就明白了，这的确是一个准确的预言。他们所预见的是类似电视、电影这类媒介在未来的巨大价值。天哪！这么多年来，我一直误以为中国的圣贤先哲否定了文字传播的效力。

假如电视只有画面，没有声音，又有多少价值呢？

价值不大。事实上，如果电视广告中的产品包装上没有文字或者画面中没有字幕，那么这则电视广告几乎没有传播价值。可一旦加上声音（本质是文字），画面立刻有了意义。

如果单纯地进行画面传播意义不大，那么只有声音呢？你可能会感到奇怪，但一则电视广告中单纯的声音通常能够传递简单易懂的信息。许多成功的平面广告也证明了这个道理。单纯的画面几乎是没有传播价值的。当然，一则图文并茂的平面广告，传播效果要比只有文字或只有画面的广告好得多。但如果分开来看，听觉和视觉哪一个更具传播力呢？

以经典的“百事可乐味道恰到好处”的电台广告为例，这则广告第一次投放距离现在已60多年。显然，电台是绝对没有任何视觉信息的，然而此广告当时却大获成功。即使今天，仍有很多人可以回忆起广告的开场音乐，并复述出广告语。已经过去60年了！

这很有趣，一个广告概念压根没通过视觉传播，却令人如此印象深刻。推崇视觉传播效力的传统观念似乎出了问题。

为了就此课题获得更客观的观点，我们请教了专家，一位人类记忆领域权威书籍的作者。华盛顿大学的伊丽莎白·罗芙托斯博士是一位心理学家、教师和研究员，同时还是一位就人类心智及其运作原理发表过100多篇文章和超过8本专著的作者。当被问及视觉和听觉哪个更胜一筹时，她是这样回答的：

在很多方面，耳朵都比眼睛更胜一筹，我之所以这么说，是有严格的实验证明的。在实验中，我们通过不同的方式向人们展示一列字句，一种通过听觉，比如录音，一种通过视觉，比如播放幻灯片。结果表明，通过听觉接收这些字句的人比通过视觉接收这些字句的人记住更多的字句信息。

在《定位：争夺用户心智的战争》一书中，我们提道："名字就像钩子，它让你的品牌得以挂在潜在顾客心智中的产品阶梯上。"现在我们知道原因了，显然，顾客大脑深处的声音参与了思维本身，即便大脑接收的是纯视觉信息或文字信息。

莎士比亚说错了，如果玫瑰不叫"玫瑰"，闻起来就不会那么芳香。你看到的都是你想看到的，你闻到的也都是你想闻到的。这就是为什么推出一款香水时，最重要的一个决策就是如何给你的香水品牌命名。

名为"阿尔弗雷德"的香水卖得会像"查理"香水一样好吗？我们很怀疑。加勒比海的野猪岛在改名为"天堂岛"之前，一直没什么名气。

比利时著名的语言学家费尔迪南·德·索绪尔说过：“语言和文字是两套不同的信号系统，而后者存在的唯一目的就是为了指代前者。”通俗地讲，书面文字是次要传播媒介，它是为了表达“声音”这一主要传播媒介而存在的。

对当下的广告界来说，上述研究发现是极具颠覆性的。这意味着在很大程度上，他们要扭转旧有的观念，从以画面为主导转向以文字为主导。当然，这并不是说画面就不重要了，它当然重要，但文字必须成为主导，画面来强化传播效果。然而，现实中两者的地位往往相反。

因此，文字内容首先必须传递销售信息，故作风雅或含糊不清的表达只会带来麻烦。

其次，主题不但看上去要简单明了，而且听上去也要朗朗上口。若能带有节奏或押韵，将非常有助于记忆。

最后，广告画面必须易于理解，否则将会分散受众注意力。假如广告使观众只看画面而不读文字，再吸引人的画面，传播效果也会大打折扣。

在电视广告中，广告旁白必须传递销售类信息。首要的一点在于，你不能让画面创意掩盖了声音，否则，观众听觉注意力会被分散，造成有效的广告信息被忽略。

这类分散注意力的情况解释了为什么许多广告被大众误解，也同样说明了为什么宝洁公司备受诟病的“生活场景”式广告效果一直不错。广告形式类似，完全由文字主导，而画面几乎不会分散注意力。人们日常确实不会谈论这类广告，但他们会记住它。

分化法则

几十年来，汽水销量首次出现停滞或下滑，而消费者对瓶装水、运动饮料和能量饮料的需求激增，侵蚀着汽水销量，甚至牛奶都比汽水卖得好。

这是怎么回事儿？分化法则再次产生了作用。对于没读过《22条商规》第十条的读者，可以这样理解：随着时间推移，一个品类会分化成两个，甚至更多的品类。

就像阿米巴变形虫在器皿中不断分化繁殖一样，市场也可以被视作一个品类不断分化扩张的海洋。

一个品类的早期都是一个单一的个体，比如电脑，随着时间推移，原来的品类个体会分化出其他细分品类，如主机电脑、工作站、个人电脑、便携电脑、笔记本电脑和手写电脑。

与电脑品类相同，汽车品类刚开始也是一个单一品类，三大品牌（雪佛兰、福特和普利茅斯）主导着整个市场。随后品类开始分化，如今我们有了豪华车、中档车和经济型车；在尺寸上，有了大型车、中型车和小型车；此外，还产生了运动型汽车、四驱汽车、野营用的休闲型车和小面包车等。

在广播电视业，曾经美国广播公司、哥伦比亚广播公司和国家广播公司三家企业主导着 90% 的市场份额。现在，我们有了网络、独立传媒、有线电视、付费电视和公共电视可供选择，不久的将来我们还会看上在线电视。

啤酒业也是这样，如今我们有进口啤酒和国产啤酒，高端啤酒和大众啤酒，淡啤、纯生和干啤，甚至还有不含酒精的无醇啤酒。

分化法则甚至会影响国家。1776 年，世界上共有 35 个帝国、王国或国家，到了“二战”期间，数量翻了一番。到了 1970 年，国家数量超过 130 个，而如今已有大约 200 个被国际承认的独立国家（我个人最后一次统计）。

每个细分领域都是独立而不同的个体，都有各自存在的理由。每个领域也都有各自的领导者，而且通常与原有品类的领导者不是同一个。

然而，很多企业领导人非但没有理解“分化法则”，反倒天真地认为品类是走向融合的。于是，“融合”“协同”及大同小异的“产业联盟”等时髦术语，充斥着美国公司的董事会。几年前，《纽约时报》曾写道：“IBM 已准备好充分利用即将到来的产业融合趋势，包括电视、音乐、出版和电脑。”

预言并没有发生，品类趋势仍在分化，而非融合。

再来看看曾广受吹捧的“金融服务”品类。根据媒体报道，未来我们不会再有银行、保险公司、股票经纪人和贷款抵押公司，我们只有一家叫作“金融服务”的公司。至今，这一切仍未发生。

对领导企业来说，巩固市场主导地位的方式是通过推出新品牌来进入新形成的品类市场，就像早期的通用汽车推出雪佛兰、庞蒂亚克、奥兹莫比尔、别克和凯迪拉克。

企业经常犯的错误，就是将一个品类的知名品牌用到另一品类上。一个典型的案例就是将小型车品类引入美国的德国大众公司。大众公司的甲壳虫曾经占据美国进口车市场 67% 的份额，是个名副其实的赢家。

大众公司太成功了，以至于认为可以像通用汽车公司一样销售更大、更快的其他车型。因此，大众将在德国本土销售的所有车型都运到了美国，但与通用汽车不同的是，所有车型都被冠以同一个品牌——大众。不用说，市场仍然只接受大众的小型车，也就是“甲壳虫”。

紧接着，大众实施了一系列措施解决这一问题，它在美国停售了甲壳虫，转而销售一系列大型、快速、昂贵的新型“大众”汽车。所以，现在有了尚酷、捷达、高尔夫GL、大众敞篷车。大众公司甚至在宾夕法尼亚投资建厂来制造这些新车型。

不幸的是，小型车市场不断扩大，由于人们买不到耐用、经济的大众汽车，所以转向了丰田、本田和日产。如今，大众67%的市场份额已一路下降到不到6%，最终大众公司不得不重新引进“甲壳虫”，但是损失已经产生了。

领导者对新品类往往不愿启用新品牌的原因在于，担心对现有品牌的业务造成影响。通用汽车对奔驰和宝马建立的高端车品类反击迟缓，原因之一就是启用一个比凯迪拉克更高端的新品牌会激怒通用的凯迪拉克经销商。

最后，通用汽车在凯迪拉克旗下推出了售价54 000美元的亚兰特，试图进入比凯迪拉克更高端的市场进行争夺。彻底的惨败！谁会花54 000美元去买一辆更贵的凯迪拉克，邻居看到准以为只花了30 000美元，毫无更高的尊贵感。

对通用汽车来说，更显而易见的策略应该是推出一个新品牌，与奔驰竞争（也许它可以考虑重新推出经典的拉萨尔）。

时机也非常重要，你也可能会过早开创一个新品类。回到20世纪50年代，漫步者是美国第一款小型车，但是美国汽车公司既没有勇气，也没有资金坚持足够长的时间，等待小型车品类发展壮大。如前所述，时机对于寻找“显而易见”很重要，如果你的概念有点早，那就需要足够的耐心。

当然，早总比晚强。除非你准备好投入一些时间，等待事物发展成熟，否则你就不能第一个进入潜在顾客心智。

认知法则

你可能已经注意到，由于鲍勃·纳尔代利被家得宝公司解雇，著名的“六西格玛”也出现了问题。离开由杰克·韦尔奇使这套质量管理方法声名鹊起的通用电气公司后，他将这套方法全盘引入了家得宝。然而，当竞争对手劳氏家居以“改良家居装修”这一简单却有力的定位概念出击时，六西格玛似乎对对手的攻势无济于事。为了贯彻这一战略，劳氏家居布置更齐整的店铺，取消复杂的包工形式，并转向针对家庭主妇客群提供服务。

这个案例给我们上了生动的一课：质量工程并非一个差异化的概念，更不是营销精髓。前面，我分析了“分化法则”，这里让我们来讨论“认知法则”。营销不是产品之战，而是认知之战。

然而，很多人认为营销就是产品之战。他们认为，从长期来看质量最好的产品会胜出，于是纳尔代利极力推崇“六西格玛”。

营销人员沉迷于市场调研和所谓的“弄清事实”。他们分析现状，以确保市场真相支持他们的观点，接着他们信心十足地进入营销竞技场，安心地认为他们拥有最好的产品，而最好的产品终将胜出。

这完全是错觉。根本没有所谓的客观真相，没有所谓的事实，也没有最好的产品。所有存在于营销世界的，是顾客和潜在顾客心智中的认知。认知才是事实，其他都是假象。这就是为什么我在第 1 章中介绍罗伯特·厄普德格拉夫先生认为，“显而易见”的概念会对心智造成震撼的效果。

所有“真相”都是相对的，区别在于是相对于你的认知，还是他人的认知。当你说“我是正确的，那个人是错误的”，你真正说的意思是在你的认知中，你比他人更正确而已。

大多数人都认为自己比他人的观点准确，人们有着一种“自我永不会错”的观念，他们的观点总是比他们的邻居、朋友更准确。“真相”与“认知”在人们心智中混在了一起，彼此难以区分。

为了避免被世界孤立这一可怕的情况发生，人们将自己置身于外部世界中。他们“生活”在书本、电影、电视、报纸、杂志和互联网中，他们“属于”各种俱乐部、组织和机构。这些外部世界的表象似乎比人们心智中的事实更真实。

人们坚信，真相存在于大脑以外的世界中，个人只不过是世界中的一粒尘埃。其实，恰恰相反。你唯一可以确定的现实就是你的认知，如果宇宙存在，那么它也是存在于你自己和他人的认知中。这就是营销必须面对的现实情况，大多数营销失误都源于一个错误的假设：你在进行一场以产品现实为基础的竞争。

很多营销人员天生地将营销基于一个有瑕疵的前提，就是产品是营销的主角，而营销成败的关键在于产品水平。这也是传统而合逻辑的产品营销手段总是错误的原因。只有深入研究心智中认知的形成规律，并将你的营销动作聚焦于这些认知，你才能从根本上克服你原本错误的营销直觉。

我们每个人（生产商、分销商、经销商、潜在顾客、现有顾客）都是通过一双眼睛来观察这个世界的，如果真有客观现实，我们怎么知道呢？谁来判定呢？该由谁来告诉我们呢？只能由另一个人通过另一双眼睛观察同样的景象来完成。

所谓"真相"无非是一个"专家"的认知，那谁又是这个"专家"呢？无非是在别人心智中被认知为"专家"的那个人。

如果"真相"如此虚幻，为什么会有这么多关于所谓"市场现实"的讨论呢？为什么这么多的营销决策都基于现实的比较呢？又为什么这么多的营销人员都假设真相掌握在自己手中，他们所要做的就是利用这些真相去纠正潜在顾客心智中的"错误认知"呢？

营销人员关注现实，是由于他们相信"客观真相"，这使得他们也很容易假设真相站在他们这边。如果你认为你需要最好的产品赢得竞争，那么你也就很容易相信你有最好的产品，这只需要稍稍调整一下你自己的认知就可以了。

然而，改变潜在顾客的认知就是另一回事儿了。顾客或潜在顾客的认知是很难改变的，即使对某类产品只有一点点了解，消费者也会认为他们是对的。个人心智中的认知常常被认为是普遍真理，即便偶尔出错，但多数人很少自认错误，至少在他们自己的认知中是这样的。

对比两个距离较远的区域市场，更容易理解这种对产品的认知力量。比如，在美国销量最好的三大日本进口车依次是丰田、本田和日产。大部分营销人员认为，这三个品牌之间的较量是基于各自的品质、车身设计、马力和价格。并非如此，是人们对丰田、本田和日产的认知决定了哪个品牌会胜出。营销是一场认知之战。

日本汽车制造商在美国市场上销售的汽车和在本国销售的汽车是一样的，假如营销是一场产品之战，你会以为两个国家的销售排行应该是一样的，毕竟质量、造型设计、马力、价格都大体一样。然而在日本，本田离领先品牌相去甚远，它处在第三，居于丰田和日产之后，丰田的销量是本田的四倍多。

日本市场上的本田汽车和美国市场上的有区别吗？产品是一样的，不一样的是顾客心智的认知。

在纽约，如果你告诉你的朋友你买了一辆本田，他们可能会问你："哪一款本田？是思域，还是雅阁？"在东京，如果你告诉你的朋友你买了一辆本田，他们可能会问："你买的是本田哪一款摩托？"在日本，本田是以摩托车厂商建立认知的，显然大部分人不会从一家生产摩托车的厂商那里购买汽车。

试想一下，如果哈雷公司也生产汽车，会不会成功呢？你可能会说，这取决于哈雷汽车的质量、款式设计、动力和定价。你可能还会认为，哈雷的声誉会给其汽车产品加分。我们不这么认为，"摩托车公司"的认知恰恰会削弱哈雷汽车的认知，无论产品有多好（这就是"品牌延伸"陷阱）。

有些汽水公司的高层相信，营销就是一场口感之战。然而，"新可乐"的口感第一（可口可乐公司20万人次的口感测试证明，新可乐比百事可乐好喝，百事可乐比传统配方可乐更好喝，传统配方可乐现在叫"经典可口可乐"），谁又赢得了这场营销之战呢？口感测试最好喝的"新可乐"已经销声匿迹，口感测试最难喝的经典可口可乐仍是第一。

你相信的都是你想相信的，你尝到的都是你想尝到的。汽水之战是一场认知之战，不是口感之战。

使这场认知之战更加困难的是，顾客的购买决策经常是基于“二手认知”。人们的购买通常是基于他人对现实的认知，而非自己的认知，即所谓的“大家都这么认为”的现象。

大家都认为日本汽车的质量比美国好，因此人们在购买时就基于这个“事实”：大家都认为日本汽车质量更好。当你真的去问这些消费者，他们是否亲身体验过这个产品时，多数情况下的回答是没有，这时你会发现，消费者往往会扭曲自己的经历以符合自己的认知。

如果你个人对日本车有不好的体验，你可能会倾向于认为是自己运气不好，因为其他人都认为日本车质量好。相反，如果你对美国车有很好的体验，你可能会认为是自己的运气好，因为所有人都知道美国车不如日本车。

再强调一次，营销不是一场产品之战，而是一场认知之战。遗憾的是，纳尔代利先生似乎永远不会理解这一法则。

独一法则

在寻求“显而易见”时，产生实质性效果的只有一个战略动作，你不要指望会有一系列战略供你选择。

很多营销人员认为，成功是由很多小的努力被高效执行后，拼凑出的成果。

他们认为可以从很多不同的战略中进行选择，只要足够努力，就可以取得成功。如果他们为领导品牌工作，他们会把资源耗费在一大堆不同的营销动作中，因为他们似乎认为业绩增长最稳妥的方式就是遍地撒网。

如果他们不是领导者，通常他们会极力模仿领导者的做法，只不过会更努力一些。就像萨达姆说的，我们所要做的就是打得再努力些，这样所有的事情都会好起来的。然而，更努力并非营销成功的秘诀。

无论你是否努力，差别都不会太大，而且公司越大，平均法则越会抵消“更努力”带来的优势。

历史证明，在营销战场上真正奏效的是那个独一的、大胆的一击，而且在特定形势下，真正发挥作用的只有一个战略。

在战争中，成功的将领分析整个战场形势，努力寻找敌人最意想不到的地方发动致命一击。找到这一个点已经非常不易，指望找到很多点几乎不可能。

军事战略家和作家李德·哈特把这一击称作“最出其不意的战线”。盟军著名的诺曼底登陆选择的是波涛汹涌、礁石林立的地方，这个地方恰恰是德军认为最不可能登陆的地方。

营销之战也是如此，多数情况下竞争对手只有一个薄弱环节，而这个环节就应该成为所有资源集中攻击的焦点。

就这一点来说，汽车行业的案例再恰当不过了。多年来，领导者通用汽车的强势集中在中档车领域。凭借雪佛兰、庞蒂亚克、奥兹莫比尔、别克和凯迪拉克多个品牌，通用汽车轻松地击退了福特、克莱斯勒和美国汽车公司的攻击（福特公司埃德塞尔的惨败就是例子）。通用汽车的霸主地位堪称传奇。

在军事战争中奏效的理念，在营销战中同样奏效，就是：出其不意。

在第二次布匿战争中，汉尼拔将军率军翻越了阿尔卑斯山，一个被认为不可能跨越的路线。希特勒绕过了马其诺防线，使他的坦克部队穿越了阿登高地，也是一个法军认为坦克不可能穿越的地方（事实上，希特勒穿越了两次——一次是法国战役，另一次是巴尔吉战役）。

在近几十年中，真正对通用汽车形成威胁的只有两次行动，而且两次都是以侧翼战形式绕过了通用汽车的"马其诺防线"：一次是日本汽车，以经济、小型车在低端市场上发动的侧翼战，如丰田、日产和本田；另一次是德国以顶级豪华车在高端市场上发动的侧翼战，如奔驰和宝马。

随着这些侧翼战的成功推进，通用汽车在支撑其低端产品线和高端产品线上承受了巨大的资源压力（如前所述，凯迪拉克价格太低，难以抵御德国高端进口车的侵袭）。

为了降低成本，保证利润，通用汽车做出了一个致命的决策：使其所有中档车品牌都采用同一个外形车身。一时间，人们再也区分不出雪佛兰、庞蒂亚克、奥兹莫比尔和别克了，因为它们看上去都是一样的（第 9 章有详述）。

这些外形类似的汽车削弱了通用汽车在中档车市场上的地位，给了福特推出欧式车型——金牛座和 Sable 的可乘之机。紧接着，日本车又以丰田、雷克萨斯和讴歌进入市场。如今，通用汽车全线衰退。

我们再回到可口可乐。我们已看过可口可乐数不清的口号和创意：

- 为你准备的绝佳口感（We have a taste for you）
- 真正的选择（The real choice）

- 赶上潮流（Catch the wave）
- 红色、白色和你（Red, white and you）
- 你无法阻挡的感觉（You can't beat the feeling）
- 生活的可乐一面（The Coke side of life）

可口可乐从没意识到的是，它唯一拥有的显而易见的定位概念就是“正宗可乐”，它应该以此抵御百事可乐以年轻人为主导的唯一定位概念——“百事新一代”。

为了取得效果，可口可乐应该在电视上对百事新一代说：“好了，孩子们，我们不会劝说你们，但你们想喝正宗可乐时，我们已经为你们准备好了。”此概念一出，将是“百事新一代”终结的开始（假如百事可乐还没有把自己折腾死的话）。

这一概念不仅明显而有力，而且是可口可乐唯一有效的战略，激发了可口可乐在潜在顾客心智中唯一的认知——正宗可乐。

为了洞察到这个唯一的概念，营销高管必须对市场发生的情况了然于胸，他们必须深入一线，了解哪些发挥了作用而哪些没有发挥作用，他们必须身临其境。

由于决策失误的代价巨大，企业管理高层不应将重大营销决策授权给下属。这就是通用汽车发生的事情，当财务人员掌权后，营销就垮台了，因为财务人员关心的是那些报表数字，而不是品牌。讽刺的是，随着品牌地位的弱化，那些数字也越来越难看。

如果你高高在上，而不深入参与其中，你就很难找到那个唯一奏效而又显而易见的策略。

二元法则

微软刚刚在“二元法则”上压了 446 亿美元。不熟悉这一法则的人可以这样理解：从长期来看，每个市场最终都会发展成两匹马赛跑的格局。

现阶段，谷歌在搜索引擎市场上占有 54% 的市场份额，雅虎占 20%，微软占 13%。如果微软成功收购雅虎，那么它的份额就会升至 33%，而线上广告业务就会形成两匹马赛跑的局面（目前此项收购还悬而未决，我们只能等待结果）。让微软这场收购更加微妙的是，谷歌已经成为一个日常生活经常用到的代称性品牌，“谷歌一下他的名字”“我来谷歌一下”。品牌既是一个名词，也是一个动词，如“把它思高[⊖]在一起”“施乐[⊜]一下”。当这种情况出现时，相对于竞争对手，你就有了巨大的优势。尽管这样可能会因丢失商标而使那些律师不好受，但这是营销上的全垒打。“伟哥”已成为代称性品牌，占有 60% 的市场份额，希爱力占有 27%，艾力达有 13%，“二元法则”已然开始。

早期，一个品类阶梯上会有很多层，渐渐地这个阶梯会只剩下两层。

在电池品类上，是永备和金霸王；在胶卷品类上，是柯达和富士；在漱口水品类上，是李施德林和 Scope；在汉堡品类上，是麦当劳和汉堡王；在运动鞋品类上，是耐克和锐步；在牙膏品类上，是佳洁士和高露洁。

⊖ 思高（Scotch）：3M 公司的胶带代表性品牌。——译者注

⊜ 施乐（Xerox）：复印机代表性品牌。——译者注

当你长期观察一个市场，你会发现竞争最终往往发展成为两强相争的局面，通常是一个可靠的传统品牌和一个市场新秀。下面给大家回顾一些历史。

回到 1969 年，当时在某个产品的市场上有三大品牌。领导品牌占据约 60% 的市场份额，第二名占据 25%，第三占据 6%，剩下的市场由一些小品牌瓜分。根据二元法则，这样的市场局面并不稳定，而且预测领导品牌会丢失一定份额给第二品牌。

如今，领导品牌的市场份额下降到 43%，而第二品牌上升至 31%，第三品牌已不复存在。这三个品牌依次是可口可乐、百事可乐和皇冠可乐，实际上二元法则适用于所有品牌。来看看皇冠可乐发生了什么。1969 年，皇冠可乐公司重整了分销系统和 350 家灌装厂，并聘请了 Rival 宠物食品公司的前总裁和来自可口和百事公司的资深专家。同时，公司还聘请了专业的纽约广告代理商——格林广告。“我们将会击败可口可乐和百事可乐，”格林广告公司的领导玛丽·韦尔斯·劳伦斯向皇冠可乐的灌装厂商扬言道，“请原谅我的用词，因为我们确实要置对手于死地。”到头来，被置于死地的只有皇冠可乐。在一个成熟的行业，第三名是个非常艰难的位置。

来看看国产车行业，尽管拥有像李·艾柯卡这样的英雄式人物，克莱斯勒的处境仍然十分艰难。从长远来看，营销战会成为两匹马赛跑的比赛。如今，这两匹马是通用汽车和丰田，福特则被挤在第三的位置上。

这种结果是注定的吗？当然不是，还有其他的营销法则会影响结果，而且假如你的策略符合营销法则，就会对你的销售产生很大的影响。当你处于皇冠可乐这样老三的位置上时，你绝不应该大举进攻老大和老二，而应该锁定一个可以获取利润的狭窄市场（比如，皇冠可乐在早期就聚焦于“无糖可乐”市场）。

这些对于专注于市场前两位的成功营销人士而言是显而易见的。通用电气的传奇 CEO 杰克·韦尔奇说过：“在日益激烈的全球化竞争下，只有处于市场第一或第二的业务能够胜出，其他的都应该被关停、出售。”正是这种思考造就了像宝洁这样强大的集团公司。在美国，宝洁公司涉足的 44 个产品品类中，有 32 个都处于市场第一或第二的位置。

早期，在一个发展中的市场上，第三和第四同样具有吸引力，销售不断增长。缺乏经验的新顾客不断涌入，他们通常不了解哪个品牌是领导者，所以他们会选择一个看上去不错的品牌。于是，这些品牌很快就成为第三或第四。

然而，随着时间推移，这些顾客被市场教育，开始倾向于选择领导品牌，这基于一个简单的假设，即领导品牌的产品一定更好。

顾客同样相信，营销是一场产品之战。正是这种认知让前两大品牌能够长期保持领先：“它们的产品一定最好，因为它们是领导者”（这对克莱斯勒可不是个好消息）。

让我们回到之前谈到的微软并购。首要的一个问题就是该如何命名这匹新并购的马。雅虎，还是 MSN？我的建议是保留“雅虎”品牌名，让“微软”这个品牌名继续在软件行业保持领先。

接着，要针对谷歌找到一个显而易见的攻击策略，虽然这并非易事，但至少它已经成为“第二”，一个可以攻击老大的强势地位。

资源法则

没有充足的资源支持，即便有了“显而易见”的策略也无济于事。

如果你有了一个强有力且显而易见的概念，拿起本书只是为了获取一些营销上的小技巧，那么这部分的内容会给你泼一盆冷水。

即使拥有世界上最好的概念，没有资金也难以让其起飞。投资人、企业家和各类创意家似乎认为，好的构思需要的只不过是一些专业的营销协助。

没有比这种想法更脱离实际的了。营销是一场在潜在顾客心智中打响的战争，你需要钱进入心智，也需要钱让自己能够留在那里。

一个平庸的想法加上 100 万美元，比只有一个好的想法能走得更远。

一些企业家将广告视作进入潜在顾客心智的解决方案，但广告很贵。“二战”期间，每分钟的花费是 9000 美元，到了越南战争是 22 000 美元，而一条橄榄球超级杯的广告需要花费 2 700 000 美元。

乔布斯和沃兹尼亚克有了一个好主意，但是迈克·马库拉的 91 000 美元让苹果公司得以诞生（由于这笔钱，马库拉拥有苹果公司 1/3 的股权，他本来可以拥有一半的）。

没有资金支持的想法没有任何价值。当然，也不完全是。但是你首先需要利用你的好主意找到资金，而不是营销协助，营销协助可以迟一些。

一些创业者把公关当作进入心智的低成本方式，他们视其为“免费广告”，但公关并非免费的。从经验来看，公关价格有 5 : 10 : 20 三个等级。一家小型公关公司每月收取 5000 美元来推广你的产品，一家中型公关公司每月要 10 000 美元，而大型公关公司每月要 20 000 美元。

一些创业者期望依靠风险投资来解决资金问题，但只有很小比例的创业者成功获得了风险投资。

还有一些人认为，美国的大集团既有意愿又有实力，能够让他们的想法得以实施。祝你好运，你需要它。有创造性的想法很少能够被大公司接受，你真正的希望是找到小公司，然后花心思让它们理解你想法的价值所在。

记住：没有资金支持的好主意，毫无价值。为找到资金，准备好做出很大的让步吧。

在营销战中，富有的一方会愈加富有，因为他们有资源进入顾客心智，他们唯一的问题是区分好主意和坏主意，并且避免在过多产品和项目上分散资源。

竞争是残酷的，巨头企业的品牌背后有着巨大的资源做后盾。宝洁和菲利普·莫瑞斯每年的广告费超过 20 亿美元，通用汽车每年也要投入 15 亿美元。

面对强大的竞争对手，小公司的命运是非常不公平的，来看看得克萨斯州休斯敦的一家小型宠物公司 A&M 的遭遇。这家公司发明了一种可凝集的猫砂产品，是同类产品的一个重大突破。原理很简单，当猫咪在便盒上排便时，这种猫砂能够使排泄物凝集成球形，易于清理，而不必更换整个盒子。

这个产品取名“易勺”（Scoop Away），一推向市场就销量大增，这一情况马上引起了行业老大金猫公司（Golden Cat）的注意，这家公司经营该品类的第一品牌“洁猫”(Tidy Cat)。

意识到新产品的威胁，金猫公司推出了自己的凝集猫砂产品，取名“洁勺”(Tidy Scoop)，不仅窃取了A&M公司的产品创新，还借用了半个品牌名“勺”(何等的不公平)。

与快消品不同，技术型和商业型产品的营销投入没那么大，因为潜在客户量较少，媒介成本也较低。但是，技术型产品仍然需要足够的资金来制作宣传手册，进行销售演示和参加展会。

用一句话来说就是，首先有一个好的想法，然后筹集资金来实现它。这里有一些获得所需资金的捷径，供参考：

- 可以和有钱人结婚，让富有的配偶资助你的想法
- 可以和有钱人离婚，用离婚协议的资产来实现你的想法
- 可以从家里找到资金，用遗产来实现的想法
- 可以用特许加盟方式来出让你的想法

到现在我们一直讨论的是小公司获得资金的策略。那资金实力雄厚的公司呢？该如何遵循“资源法则”呢？答案很简单：足够多地投入。在军事战争中，军方资源需求总是多多益善。你知道海湾战争结束后，还剩下多少军需物资吗？非常多。在营销中也是一样的，想要成功，你就不能吝啬。

成功的营销将领懂得领先投入资源的重要性。换句话说，他们在前两三年不会留下利润，而是将所得再投入到市场营销中去。

有个显而易见的道理：钱使营销世界得以运转。如今想要成功，你就必须获得能让你推动你的营销计划的钱。

IN SEARCH OF
THE OBVIOUS

第9章

09

实例解析营销难题

本章概述了一些显而易见的方法，用于解决一些有普遍代表性的营销难题。其中一些是我个人的观察研究，还有一些是我在寻找“显而易见”时的实践案例。

通用汽车的前车之鉴：不该做的事

丰田取代通用汽车成为“世界上最大的汽车制造商”。通用汽车将结束在这一位置上长达70年的霸主地位，即通用70年的领导地位即将终结。如今，丰田在美国拥有最畅销的品牌——凯美瑞（Camry），而通用则在苦苦挣扎，试图让自己日渐衰落的品牌，如别克、庞蒂亚克，在顾客心中代表些什么。

当一家如此有声望的企业陷入这样的情境时，很重要的一点就是要弄清楚事情发生的原因。正如乔治·桑塔亚纳警示世人的那句话：“不吸取前车之鉴，必将重蹈覆辙。”在前面的章节中，我提到通用汽车的品牌延伸症结，下面让我们来详细分析这些错误。

1924年，当阿尔弗雷德·斯隆加入通用任运营副总裁时，他接管了他所称的“非理性产品线”，一个使众多品牌没有统一指导方针的策略。而企业唯一的目标就是把车卖出去，但由于不同品牌之间互抢生意，除了别克和凯迪拉克外，其他品牌都在亏损。

斯隆很快就意识到通用拥有太多的车型、雷同的款式且缺乏产品差异化策略。作为最早的市场细分案例之一，斯隆将通用的车型裁减到只剩下五款，并通过不同的价位对它们进行区分，强调各自以单一的品牌形象来吸引消费者购买通用家族的产品，针对顾客的消费能力提供不同档次的品牌。

到了1955年，这些独特而又强大的品牌让通用汽车占据了美国市场57%的份额。通用意识到，继续追逐更大的市场占有率可能会违反美国反垄断法，公司有被分拆的风险。通用做了一个影响重大的战略转变，从制造更好的汽车转向在相对稳定的成交量中赚取更高的利润。

没有什么比“贴牌工程”更贴切地描述这个全新的战略方向了，这个战略可以说是以不同的品牌来销售一模一样的汽车。通用财务人员发明的增加利润的方法是通过“零部件可互换”的统一化生产方式来实现的。虽说需要经历一个过程，但肯定的是，各个品牌失去了原本煞费苦心建立起来的独特认知。同时，为了让数字（还有奖金）看上去更漂亮，通用各个部门开始扩张其原有品牌的界限：雪佛兰和庞蒂亚克利用更考究的车型往高价拓展，而别克和奥兹莫比尔则生产了低价位的车。最终，通用再一次用不同的品牌生产无论外形还是价格都很相似的车型。对于通用来说，等于又回到了1921年。

和宝马一样，丰田采用单一品牌推出多款车型，但所有这些车型的价值都落在一个强有力的差异点——可靠上。当丰田进入高端豪华车市场时，它推出了新品牌雷克萨斯，并小心翼翼地遮掩其背后的丰田身份。同时，它迅速地在技术创新中加大投入，推出了后来的Prius混合动力，以及针对日本老年人群的方便轮椅载入的

Porte 车型。

寻找到“显而易见”的要领是：少即多。

一个成功的品牌必须能代表某些事物。附加给品牌的变动越大，品牌什么都代表不了的风险就会越大。当附加的内容与品牌原有的认知相冲突时，这点就会显得尤为突显。如果万宝路香烟代表了万宝路之乡那些美国的牛仔，那么它怎么能推出薄荷型或清淡型香烟呢？真正的牛仔是绝不会抽薄荷型或清淡型香烟的。

如果可口可乐是可乐的发明者，同时还掌握着可乐的神秘配方，那么当它推出包括“零度可乐”在内的一系列新产品时，又怎么可能指望人们认为它是“真正可乐”的代表呢？为什么要改变那种独特的配方呢？

沃尔玛该不该销售更高档次的商品而与塔吉特百货竞争呢？不该这么做，那不是沃尔玛的目标市场（详见下节）。

保时捷该不该冒着改变其跑车形象的风险去卖 SUV 呢？千万不要这样做，它可是跑车的标志性品牌。

戴尔是否应该销售家用电器，与来自日本和韩国的对手展开竞争呢？不应该，它做的是商务电脑的直销生意。

除非企业能理解一个简单的事实，即它们没有过度增长的必要，只有过度增长的欲望（由于华尔街），否则厄运就会一直纠缠。慢慢地，品牌由于想代表更多而失去了其原有的意义。

无论企业规模有多大，实力有多强，通用的经历都应该成为所有公司的前车之鉴。你不可能试图去满足所有人的需求，想要代表得越多，翻船的风险就越大。历史已经证明这是个“显而易见”的真理。

沃尔玛：是否能够变革

没有什么比沃尔玛解雇朱莉·罗西姆女士和她所聘请的广告公司这件事，更能激怒整个广告界了。

所有的商业报刊都报道了这件事，但《广告时代》的大标题最为醒目："无法无天的朱莉与震惊广告界的丑闻"。

对于那些不理解如此口伐笔诛的人来说，朱莉的问题据传不过是与广告公司领导在纽约共进晚餐，一起驾驶豪华轿车兜兜风；在用人方面，任人唯亲，甚至与自己的助理有暧昧关系。自从玛丽·韦尔斯嫁给了她其中一个大客户的 CEO 后，广告界好久没发生过如此让人兴奋的事了。

罗西姆女士受聘于沃尔玛，为了推动沃尔玛的变革，改变其产品低端、价格便宜的形象，以此吸引那些在塔吉特和其他档次稍高的商店购物的顾客。朱莉在克莱斯勒公司就因激进、先斩后奏的营销策略而闻名，但这与沃尔玛文化显得格格不入。她把自己的问题归结于一个变革推动者误入了一个不愿意变革的组织。

所有这些分析文章都忽略了一个问题：沃尔玛是否能够或是否应该进行变革。我在前面写过，某个品牌一旦确立了"经济实惠"的标签，那么它几乎不可能再进入高端市场去吸引那些已经习惯消费更高端品牌的顾客。沃尔玛作为一个面向大众的零售商，很明显它就与"天天低价"这个概念联系在了一起。

这也正是人们去沃尔玛购物的原因。

同时沃尔玛的企业文化、店面布局以及广告宣传，需要系统地配合起来，使其商品物有所值。零售商埃姆斯（Ames）和区域性低价零售商卡尔多（Caldor）曾试图在价格上与其抗衡，现在都已销声匿迹了。

塔吉特就做得非常好。没有跟沃尔玛这个庞然大物展开正面交锋，其显而易见的战略就是为“高品位客群”提供服务，或叫精品百货店。它运用独特的设计以及更漂亮的店面布局，以此来吸引那些消费档次较高且“瞧不起”在沃尔玛购物的一类客群。请记住，当你走入沃尔玛，也就等于告诉全世界你是一位有低价偏好的购物者，而当你走进一家塔吉特商店，就说明你比那些价格敏感型顾客更有品位一些，而当你走进一家内曼·马库斯（Neiman Marcus）百货店，就等于告诉全世界你很有钱、很有品位。

在这个充满竞争的世界中，试图满足所有人的所有需求是行不通的。你在顾客和潜在顾客心智中是什么，你就是什么。偏离这个“位置”就会造成混淆。在低价的商店里销售昂贵的商品，等于是在告诉顾客他们在“挨宰”。

产品也同样如此。当丰田汽车准备推出价值5万美元的豪华车型时，丰田为这款产品取了一个不同的品牌名——雷克萨斯；类似地，本田也推出了讴歌。它们不想让消费者觉得他们买的是“高级版”的丰田和本田。

因此，沃尔玛的一些员工也认为变革对于沃尔玛来说并不是一件该做的事。若意识到这一点，自然也就不再需要朱丽和她的广告公司了。事实上，如果留下她们，她们所做的一切只会使员工和消费者陷入混乱。

当然这些都过去了，那将来呢？答案如今掌控在沃尔玛的首席营销官（CMO）史蒂芬·奎恩手中。你知道，已经有很多所谓的专家向他递交了各种建议：面向更多的目标客户，扩展，不要仅卖大宗商品。

而我的意见就是：多谈谈你的价值而非价格，你甚至有可能需要让你的消费者了解货架背后，企业为此价值所做出的种种努力。你当然要通过更为友善的服务，让消费者的购物体验更加愉快（想一想西南航空公司，它的乘务员要站在乘客面前表演幽默喜剧）。沃尔玛绝不该进入高端市场与塔吉特这类对手相竞争，尤其是在经济步入衰退的时候。

所有这些都说明了一个简单的事实：纠正错误不分早晚，不管情况有多么窘迫。

可口可乐：混乱的王国

这里有一个非常明显的错误。

在零度可口可乐（Coca-Cola Zero）之后，可口可乐公司搞了一个相当奇怪的推广活动。活动基于这样一个怪主意：经典可口可乐（Coca-Cola Classic）产品的高层想聘请律师控告销售零度可口可乐的同事。他们认为，这就是一起"明显的口味侵权案"。简单来说，就是经典可乐的营销员想控告零度可乐的营销员，因为后者生产了一种和前者味道一样，但又不含卡路里的产品。

你可能会问："那健怡可口可乐（Diet Coke）呢？"问得好！可口可乐的宏图大计就是一个包含有三种口味的可口可乐战略——经典、零度和健怡（Classic, Diet and Zero）。百事可乐也差不多，同样推崇类似的做法。现在百事已经有了百事原味（basic Pepsi）、健怡百事（Diet Pepsi）和百事极度（Pepsi Max），而且很快还会有健怡百事极度（Diet Pepsi Max）。

结果到底会怎样？我估计，除了混乱还是混乱，而混乱是有效营销的死敌。当某种产品滞销或销量下降的时候，你经常可以看到这样的情形：所有的营销人员围坐在一起，盯着复杂的市场调查报告，试图寻找解决之道。在你说“市场细分”之前，他们就已经陷入了无尽的品牌延伸陷阱，试图去占领分析报告所给出的细分市场或顾客群。大量的资金被用于产品研发、营销和广告，但是销量还是停滞甚至下滑。这种推广活动往往只能吸引现有顾客，他们会尝试新的口味，但他们最终还是会回归到原先最喜欢的口味上来的。

试想一下。如果我一直在喝百事可乐或百事极度，那么我为何要转向零度可口可乐呢？难道为了尝尝经典可口可乐的味道吗？既然我是百事的顾客，可口可乐的这些行为对我就没有什么意义。假如我是经典可口可乐的粉丝，也许我会愿意尝试一种味道差不多、零卡路里的新可乐。谁知道呢？但是对我而言，这种行为就像在一艘正慢慢下沉的船上拖拽甲板上的椅子一样。

甚至连可口可乐也承认有些品牌“骨肉相残”的问题，它宣称45%的零度可口可乐消费者都是新增的，而不是从健怡可口可乐那里转移过来的。但是经典可口可乐的消费者呢？不管你怎么切割市场，超过一半以上的顾客仍然是老主顾，况且现在的推广活动是直接针对喝经典可口可乐的顾客，通过一个戏剧化的事实来呈现：你可以买到一种和经典口味一样，但不含卡路里的可乐。

但是它们不需要等着看未来会发生什么，看看啤酒行业，也就会明白未来会如何了。多年来，百威和米勒一直没完没了地进行着产品线的扩张，试图为一个日渐没落的品类注入活力。它们并没有带来额外的业务，所做的一切只是造成了混乱，模糊了品牌认知。百威曾经有一条非常棒的广告语："给你的百威"，但问题是，现在你指的是哪种百威？如今，当你们说"可口可乐的美妙味道"时，同样的问题又来了，你指的是哪款可口可乐？噢，算了吧，我还是来瓶水好了。

所有这些修补行为的真正受害者是原有基础品牌——可口可乐。我之前写过，从前它们是"正宗的可乐"，这是一个非常有效的区隔点，之后把百事变成跟风品牌，而置于尴尬境地。然而，随着越来越多的新品种被推出，如新可口可乐、健怡可口可乐、香草或樱桃可口可乐、零度可口可乐，它就再也不可能成为"正宗的可乐"了。它成为一类无所不包的"可乐"。显然，百事也是这样一类可乐，可口可乐这么做就等于把竞争局面拉平了。当你是领导者时，这么做是非常不明智的。

正如我在《与众不同》中提出的：一旦你试图满足所有人的所有需求，你就在顾客心智里变得什么都不是了。缺少了差异化，那你最好用一个极低的价格参与竞争，这是显而易见的。

报业：该何去何从

最近的新闻报道全都是关于新闻界业内的内容。默多克收购《华尔街日报》占据了新闻头条，他究竟是一个来拯救行业的白衣骑士，还是一个掠夺者呢？除此以外，还有很多文章对报纸这个行业的未来忧心忡忡。难道报业真要完蛋了吗？互联网真的能拯救危机中的报业吗？

事实上，大型报业集团上市反倒把事情给弄糟了，因为华尔街已介入进来，对《纽约时报》的内部管理以及低迷的财务业绩这类事情进行攻击。就连沃伦·巴菲特也宣称，当前的商业模式（指报刊）不会再有多大的成功。企业公开上市后，使所有的关注点都集中在它们的业绩指标上。为了使投资者满意，它们不得不提高业绩指标，从而不得不削减那些本应该在人力资源、市场推广以及研发创新方面的投入。

没有人像《华盛顿邮报》的CEO唐纳德·格雷厄姆那样更努力地提高业绩指标了。他是最早那批推动数字化的激进人物之一，但是评论家仍然认为他还需进一步加快线上业务。

为了重新吸引年轻读者的眼球，2003年《华盛顿邮报》开始发行一份免费的《周日快报》。现在它每天的发行量是185 000份，相当地有利可图。一年后，他们收购了*El Tiempo Latino*，一份西班牙语周刊，同时它还有偿发行5份郊区报纸、34份免费郊区周报、12份军事报纸，以及房地产和汽车刊物。为了能够在印刷和运输方面节约成本，《华盛顿邮报》在华盛顿为《华尔街日报》进行分销，还印刷出版了一份本地讽刺类报纸——*Onion*。下一步可能就要发成年礼邀请函了。

尽管做出了种种努力，《华盛顿邮报》的报刊广告收入还是六倍于网络上的广告收入。企业的核心还是报刊。无须多说，这是一个难以解决的营销问题。

有时候，我们要解决一个行业的问题，通常还要研究其他类似的行业。这一次，我比较的是零售业，它们有相似之处。我去购物时，商店的名字就是品牌；我读报纸时，报纸的名字也是品牌。对这两者而言，我要的都是它们里面的东西，所以售卖的内容非常重要。在这两个行业里，异常激烈的竞争制造了大量麻烦。

举例来说，老牌西尔斯（Sears）面临着来自沃尔玛和家得宝的巨大价格压力。多年来，西尔斯建立了强大的品牌。诸如 Diehard 电池、Kenmore 电器、Craftsman 工具、Weatherbeater 油漆等品牌，使得西尔斯有别于其他百货。如果想要继续生存，西尔斯就必须利用这些品牌“独家销售”的优势，而不是依靠更低价格或更多选择。

我个人认为，《纽约时报》和《华盛顿邮报》这些报纸，显而易见的解决之道就是采用类似的“独家报道”这样的策略。《纽约时报》应该致力于将其大牌撰稿人，如 Tom Friedman、Maureen Dowd 或 Paul Krugman，打造成品牌。这些撰稿人的品牌越强大，读者就越乐于购买报纸或在网上有偿阅读，同时报纸也能定更高的价格。体育界深谙此道。如果老虎·伍兹没有出现在锦标赛上，收视率就会跌得很惨。你想想洛杉矶银河队为什么要出重金请贝克汉姆来踢球呢？

除了大牌撰稿人外，报纸行业还必须谈及它们的记者人员：世界各地究竟有多少记者人员以及他们的资质如何。它们须让公众了解到，想报道准确的新闻需要大量的金钱、时间以及才智（而不是随意从博客、电视、每日秀上收集素材）。很多年前，《华尔街日报》就登过这样一则广告，标题是：“克里姆林宫每天都要订购 12 份《华尔街日报》，也许他们知道一些你不知道的秘密。”现在我倒是希望能多看到此类广告，这能够展现出这些人员的专业和辛勤。

在如今这个信息爆炸的时代，报纸行业必须认识到，内容品质与新闻信息同样重要，明星撰稿人与那些不知名的记者同样重要，新闻获取渠道与印刷方式也同样重要。这就是报业公司所面临的残酷现实，野蛮人已在门口虎视眈眈。这时你需要去亮剑，去积极地宣传你的大牌撰稿人、组织成员，然后要说明“为什么要读我的报纸”。

只要能留住读者，广告生意也就会随之而来。

明星代言可能适得其反

大家会因为追捧大牌记者而去读报纸，但是仅凭一个名人的名字不太可能成为顾客购买商品的主要原因。

我们来看看梅西百货（Macy's）所开展的推广活动。过去梅西品牌下的825家全国连锁店发展得并不是太好，如今它们准备通过大牌明星的助阵来重塑光辉形象。拍摄的广告中有不少有特点的名人，如玛莎·斯图尔特（Martha Stewart）、肖恩·科姆斯（Sean Combs）、杰西卡·辛普森（Jessica Simpson）、唐纳德·特朗普（Donald Trump）和艾梅里尔·拉加西（Emeril Lagasse）。这些人有一个共同点：他们在梅西百货出售以名字命名的商品。

这样做能成功吗？在大型商场和专卖零售店的双重打压下，这么做能让百货公司里的商品更吸引顾客吗？据我看，不一定，原因有以下几点。

首先，一个成功的名人品牌要与名人自身有着直接的联系，而且对于顾客来说要合乎情理。乔丹代言耐克的运动鞋就是这种联系的巅峰之作。

为什么飞人乔丹这个品牌可以年复一年地取得成功？因为乔丹打篮球，而且跳得比别人高，而运动鞋对于跳跃能力的提升至为关键。消费者会认为这些价格不菲的运动鞋里必然藏着某种神奇的魔力，帮助乔丹提升了跳跃能力。沙奎尔·奥尼尔也拥有自己品牌的运动鞋，但影响甚小，原因很简单：他跳得不够高，移动也不够灵活。毫无关联！另外，他代言的止痛药倒是可能获得成功。众所周知，对于这么一项有着高强度身体碰撞的运动来说，肯定会经常由于肢体碰撞而受伤。

试想一下老虎·伍兹和他的耐克牌高尔夫球。当他的名字没有和耐克高尔夫球联系在一起时，这些高尔夫球并不会卖得很好。而当全世界看到伍兹正在使用耐克高尔夫球后，这种球就立刻变得大受欢迎（尽管它还比不上领导品牌——泰特利斯，顶级职业高尔夫选手都会使用该品牌）。伍兹能代言别克汽车吗？绝无可能，原因很简单，这些潜在顾客看不到这两者之间的自然关联。大家都明白，伍兹只是被别克公司请来代言广告的。以他的经济实力，开的应该是宾利而不是别克。

回到梅西百货的问题上来。这里能够看出玛莎·斯图尔特与家居用品之间有什么自然关联吗？的确有一些联系，因此有些产品销售得还可以，但在炊具和瓷器上，其销售不可能匹敌知名品牌。唐纳德·特朗普可以很自然地让顾客联系到房地产，而不是服装。再说了，他平时看起来好像只穿一套衣服，而且观众大部分时间都在看他的发型而不是他的衣服。况且以他的经济背景，衣服也极有可能是定制的。那么，杰西卡·辛普森牌鞋子呢？没什么了不起的。艾梅里尔·拉加西厨具呢？还可以，它正在和玛莎厨具竞争。

总之，所有这些名人品牌还不足以让梅西百货成为人们购物的理想场所，同时也给其他的“普通”商品带来了麻烦，消费者会不会只冲着名人品牌而忽视其他商品呢？我非常清楚自己为什么去沃尔玛（低价格）、塔吉特（精品折扣百货）、诺斯顿（服务）和萨克斯百货（奢侈品）。梅西现在急需一个清晰的定位或者差异化战略，而不是这些名人品牌。如果这些名人以及其他名人都亲自到这里来购物，那也许行得通。然而就目前销售的商品而言，并没有什么能让消费者不去其他商店购物。

最后，名人有时也会妨碍销售，并给赞助商带来麻烦。

詹姆斯·加纳（James Garner）一直都在代言牛肉产品，然后却止于公众得知他因心脏病而做了三次心脏搭桥手术。真糟糕！

锐步（Reebok）曾在两个田径明星身上花了2500万美元的广告费，他们是丹·奥布赖恩（Dan O'Brien）和戴夫·约翰逊（Dave Johnson）。但是，在奥运会上，丹·奥布赖恩一块奖牌也没有拿到，戴夫·约翰逊也只是拿到了一块铜牌而已。真糟糕！

网球明星玛蒂娜·辛吉斯（Martina Hingis）曾为一家意大利生产运动鞋和网球用具的公司做代言人。后来她起诉了这家公司，指控它提供的运动鞋导致她受了伤。真糟糕！

科比·布莱恩特（Kobe Bryant）一直为麦当劳、雪碧和能多益（Nutella）做宣传，后来合作止于他被指控有性侵行为。真糟糕！

迈克尔·维克（Michael Vick）曾经是耐克旗下的运动员之一，合作止于他被指控参与斗狗事件。真糟糕！

不幸的是，这么做通常会伴有风险，这些名人所做的一些事可能会让品牌推广计划陷入窘境。虽然你可以解雇他们，但损失已无法挽回。

我最欣赏的名人代言之一是贝蒂·克罗克（Betty Crocker）。她代言烘焙食品已经几十年了，树立了非常好的形象。作为广告中的虚构人物，她小心翼翼，从不越雷池一步，也从不要求涨价。我最近从通用磨坊（General Mills）那里了解到，粉丝还一直在给她写邮件。

啤酒行业：眼花缭乱的产品

长期以来，我一直都在研究品牌延伸问题。现在来回顾一下研究成果。

在《定位》这本书中，有两个章节专门在讨论品牌延伸的问题。

在《22条商规》这本书中，品牌延伸法规是一条被违犯得最多的法规。

在《重新定位》这本书中，我把它理解为“视角问题”。书中指出，从企业内部和外部两个不同的视角来看待产品，是导致企业对品牌延伸有不同观点的根本原因。公司内部是从经济学的角度来看待它们的品牌。为了节省成本和被商业快速认可，公司很愿意把一个高度聚焦的品牌（一个代表着某个特定产品或概念的品牌），变成一个焦点模糊，指代两三个甚至更多产品或概念的品牌。我们则是从心智的角度出发，来看待品牌延伸的问题。你试图让一个品牌代表的东西越多，品牌在心智中的焦点就越模糊。逐渐地，像雪佛兰这样的品牌就变得什么都不是了。显而易见的要旨是：一个代表很多东西的品牌，实际上什么也代表不了。

没有哪个行业比啤酒行业更无视这一点了。看看米勒啤酒：始建于1978年，从经典的比尔森式啤酒（Pilsner）发展成啤酒系列。系列中的每个品牌毫无例外，都深受品牌延伸之苦。如果你想要一瓶米勒啤酒，紧接着的问题就是你到底要“哪一款”米勒啤酒，是Miller Lite、Miller Lite Ice、Miller Genuine Draft、Miller Genuine Lite、Miller High Life、Miller High Life Lite，还是Miller High Life Ice？

算了吧，我还是来一瓶百威吧。

同时，米勒公司还拥有啤酒厂 Leinenkugel。据我最近展开的一次调查，这家公司也存在着同样的问题，你同样需要搞明白想要的是“哪一款” Leinenkugel，是 Leinenkugel’s 原味精品、Leinenkugel’s 淡啤、Leinenkugel’s Northwoods 窖藏啤酒、Leinenkugel’s（seasonal）高浓度、Leinenkugel’s Red Lager、Leinenkugel’s Honey Weiss、Leinenkugel’s Berry Weiss（seasonal）、Leinenkugel’s Hefeweizen（draft only），还是 Leinenkugel’s Creamy Dark？

算了吧，给我一瓶科罗娜吧。

你也许会问：“那些啤酒行业的人士为什么要听你的？”问得好。即便是来自《哈佛商业评论》的支持也无法减缓品牌延伸的趋势。文章给出了相当严厉的观点：“不受制约的品牌延伸会削弱品牌形象，干扰企业运营，掩饰企业成本的增加。”没有哪个行业比啤酒行业更能看出品牌延伸的巨大破坏力。米勒几乎摧毁了米勒所代表的含义。百威啤酒也有太多的百威品牌要去选择，而如今百威淡啤（Bud Light）也正在蚕食其原味百威的市场。此外，到底什么又是“百威精选（Bud Select）呢”？同样，康胜淡啤（Coors Light）也把康胜原味啤酒（Regular Coors）的市场抢得差不多了。

他们也想知道这些年啤酒市场疲软的原因。如此混乱所导致的结果就是：“算了吧，我还是喝瓶水吧。”

现在说说最具有讽刺意味的事。多年来，小规模的“精酿”（craft）啤酒商一直在蚕食三大啤酒巨头的市场份额，如今大型啤酒酿酒商也加入了这场精酿之场。但这次，它们没有把母公司的名字贴在其精酿啤酒瓶上。比如，百威英博（Anheuser-Busch）公司用 Green Valley 公司的名义生产 Wild Hop Lager 啤酒；Leinenkugel 公司隶属于米勒（SAB Miller PLC）公司；蓝月亮（Blue Moon）公司是摩森康胜（Molson Coors）公司下的一家子公司。

没有使用母公司的大品牌名，它们精酿啤酒的零售增长速度是整个啤酒精酿行业的近三倍。

这是否意味着这些大型酿酒企业终于意识到品牌延伸的错误了呢？

不要那么肯定。

星巴克：路在何方

目前，咖啡市场的局势十分紧张。经济衰退和激烈竞争使得星巴克难以再现昔日的辉煌。

第一个信号出行在股票市场上。经历了长达 10 年持续增长的星巴克，其股价在过去的一年里被腰斩。

另一个迹象是 CEO 遭到解雇，取而代之的是从四家星巴克的连锁店做起，建立咖啡帝国的创始人霍华德·舒尔茨（Howard Schultz）。如今星巴克已经在全世界 43 个国家开设了 15 000 家门店。舒尔茨如今面临的问题是：企业越大，管理越难。他促成了星巴克的快速增长，而他现在得要处理的问题可能恰恰就是由于门店太多所造成的。

唐恩都乐（Dunkin' Donuts）和如今的麦当劳通过提供一杯品质不错，同时价格又比星巴克便宜得多的咖啡，正逐步对星巴克的生意构成威胁，蚕食着越来越多的市场份额。

有趣的是，舒尔茨先生并不是很在意竞争。他认为问题出在星巴克自身，他的工作就是去处理这些问题。也许在很多方面，他是对的，但是我不能确定他是否找到了真正的问题。

在我看来，当你销售比对手更贵的产品时，你就必须得给顾客一个合理的解释，解释为什么你的产品更值钱。当有人想买一辆价值 6 万美元的奔驰汽车来向邻居和朋友炫耀时，你就应该给买主一个合乎情理的理由：这辆车具备令人叹为观止的工艺水准，绝对物有所值。如果你是在销售一块 1 万美元的劳力士手表，那就要告诉顾客一块劳力士需耗时一年打造。没有人喜欢被宰的感觉。

星巴克还没有遇到真正的对手，所以它没有解释它的咖啡为什么这么贵的压力。它设想开更多的店以吸引更多的人光顾。但最近的销售数据表明，人们开始不再来这里消费了，可能是由于经济衰退的原因。事实上，过去星巴克太成功了，以至于它觉得没有做广告的必要，仅仅只是最近它才开始做广告。遗憾的是，广告也没有说太多与咖啡有关的内容。如果麦当劳的咖啡喝起来也挺不错，那么“为什么要喝星巴克的昂贵咖啡”将是个大问题。我从没说过星巴克的顾客因此就乐意去唐恩都乐或麦当劳里喝咖啡，但是如果这些地方也能够提供同样美味的咖啡，人们将会质疑这些昂贵咖啡所带来的价值。

讽刺的是，2007 年舒尔茨还给他的 CEO 写过一篇备忘录，标题是“星巴克咖啡的同质化体验”。虽然这篇备忘录谈论的是有关“逐渐平淡的星巴克体验”，我觉得他还是用对了这个词——同质化。如果市场上听不到星巴克咖啡如此贵的理由，那么人们就会认为咖啡和拿铁已经同质化了。麦当劳拥有和星巴克一样的咖啡机，那么为什么要为星巴克的咖啡掏额外的钱呢？难道同样的机器会做不出来同样的咖啡吗？这仅是机器的问题吗？哎，如果是那样的话，我现在也可以买一台贵一点的咖啡机，自己在家里做咖啡就行了。

大家看到问题所在了吧。星巴克忙于扩张门店，却没有向顾客解释为什么它的咖啡是更好的且物有所值。我猜测其中一定有故事可供宣传，但是它没有将其戏剧化地呈现出来。营销界有句古老的格言："你所宣传的、你所销售的和你以之盈利的可以是三个不同的东西。"我去星巴克咖啡厅就是为了喝咖啡，而不是去听CD、看电影或去吃饭。这就是星巴克需要宣传其咖啡的原因。

舒尔茨先生要做的事情是显而易见的：若不讲讲你的咖啡故事，你将会面临潜在的咖啡同质化难题。当前他需要一个故事来解决这一问题。

用别人的钱来营销

营销界的诱惑之一是：通过授权其他人使用你的品牌名，来增加额外的赚钱机会。别人主动走上前来想和你合作，通常是很难拒绝的，毕竟花的是别人的钱，但从长远来看，这么做会对你的品牌产生危害。

很多时候，都是从特许代理商出去推销品牌开始的。下面是从网站上摘取的真实案例：

我们是普惠公司（Pratt & Whitney）的特许经营代理人。普惠公司乐于授权我们以普惠的名义生产和销售产品。现在我们与其他公司正在洽谈的产品包括发电机、航空工具（电力、空气和手动工具）、飞行员装备、电焊设备、空气压缩机、电动洗碗机、拖曳装置、引擎支架、航空电子设备（头戴式耳麦、GPS、无线电等）、户外发电机和小型引擎。如果您有兴趣成为普惠特许经营公司，借以享用该品牌在世界范围内的知名度，请立即联系我们。

就这样，它没有专注于世界第二大喷气式飞机引擎制造商的事业，并想办法和通用电气的飞机引擎一较高低，反而却想什么都做。

这并不是好的营销策略，不过花了别人的钱罢了。

苏珊·钱德勒（Susan Chandler）在一篇关于品牌的文章中写道："时尚界的大人物总是想把他们的名字到处贴。"

"设计师不满足于仅仅为他们的客户打扮衣装。他们还想帮顾客布置房子、打扮小孩子，甚至规划唇膏的色调。美国设计师拉尔夫·劳伦（Ralph Lauren）就是20世纪80年代各种'生活方式品牌'潮流的先行者。现在几乎所有的顶级设计师，从乔治·阿玛尼（Giorgio Armani）到斯特拉·麦卡特尼（Stella McCartney），都把自己的名字贴在太阳镜、珠宝、手提包和香水上面。"

"做得好的人赚了很多钱，但是品牌延伸是一种很冒险的策略，因为如果过了头就会削弱原来品牌的影响力。卡文·克莱（Calvin Klein）和比尔·布拉斯（Bill Blass）发现，多年以前他们签订的很多特许协议，允许制造商把他们的名字随便贴在各种廉价商品上，结果毁掉了他们的声誉。"

皮尔·卡丹（Pierre Cardin）把自己的名字几乎放到了每一样东西上，代价则是这个品牌的声誉损毁。他之所以全球有名，因为他喜欢把自己的名字贴在每一样东西上，从高尔夫球棒、煎锅到望远镜和矫正床垫。大多数设计师只愿意把自己的名字和香水、配饰和内衣联系在一起，而皮尔·卡丹却在全世界有800多个特许持有人，并从皮尔·卡丹皮箱、瓷器和燃气炉等产品上抽取版税。1981年，他在巴黎收购了著名的马克西姆（Maxim）餐厅，继续用自己的名字取乐，把自己的设计天分延伸到了马克西姆的菜单上，比如鲜花和沙丁鱼（你没听错，是皮尔·卡丹沙丁鱼）。还有一款现在已经找不到的产品，是皮尔·卡丹红葡萄酒，喝过的人都说："味道还可以，就是有股香水味"。

这并不是好的营销策略，不过花了别人的钱罢了。

唐纳德·特朗普在地产界打响了名头，但对于其他生意，这位大亨可并没有点石成金的本事。梅西百货里的高尔夫系列服装被下架。同样在梅西百货里，2004年所大肆宣传的一款男士香水也宣告停产。《品牌授权杂志》的主编马丁·布洛斯坦先生说得好："如果我是一个高尔夫球爱好者，那么我会买哪个品牌的衣服呢？老虎·伍兹还是唐纳德·特朗普？"

想要知道特朗普生意的业绩情况并不太容易，因为销售数据并没有对外公开。然而讽刺的是，唯一可以衡量业绩状况的地方是特朗普赌场。赌场的业绩已经持续下滑了一段时间，并让不少人赔了很多钱。

这并不是好的营销策略，不过花了别人的钱罢了。

在维珍品牌（Virgin brands）的特许使用上，理查德·布兰森（Richard Branson）是唐纳德·特朗普的加强版。在世界各地，维珍拥有5万多名员工以及各行各业的生意（其中维珍可乐已经不复存在）。但就像英国人说的："理查德先生遇到了一些麻烦。"在理查德的老家英国，他的维珍王国已四面楚歌，从与默多克在卫星电视上的口角之争到跨国连锁铁路的亏损。尽管请到了好莱坞女明星乌玛·瑟曼（Uma Thurman）做广告代言，维珍传媒（前身是NTL有限公司）

仍在不断失去客户，而且面临着被一家私募公司凯雷集团（Carlyle Group）收购的可能，由此可见维珍这个名字正逐渐被抛弃（维珍股价同样是每况愈下）。

同时在美国和亚洲，理查德先生推出了维珍折扣航班服务。他投入品牌，占了20%的股份，他的合伙人则提供资金。在当今激烈的廉价航空竞争中，我只能祝他好运了。

打击还在继续，依然是用别人的钱。

孩之宝（Hasbro）玩具公司达成协议授权自己的品牌儿乐宝（Playskool）用于婴儿护理产品，包括一次性湿纸巾和尿片。同时，CVS连锁药店从今年秋季就要开始在全国6100家门店销售这些产品。一种尿片玩具？面对帮宝适（Pampers）和好奇（Huggies）这样的对手，我猜这些婴儿护理产品的销量不会有多好。

这种事情会有结束的那天吗？我不这么认为，就像我父亲曾经说的："每天都有一个傻瓜出生，还有两个傻瓜想把东西卖给他。"

难以企及的高端市场

最近一些新鲜事引起了我的注意。

中端珠宝市场的王者扎列（Zale）想尝试进入高端市场，并销售更贵的珠宝。其成功的希望极其渺茫。

威格（Wrangler），一个在沃尔玛销售价格为15美元的牛仔裤品牌，试图在巴尼斯（Barney's）纽约精品店销售190美元的牛仔裤，其成功的希望同样非常渺茫。

沃尔玛宣称，它最近开始了一系列营销活动，试图销售更昂贵的商品与塔吉特抢夺生意。其成功的希望非常渺茫。

这些公司都没明白一点：一个已经确立认知的品牌要想提升价格是非常困难的。在这一点上，汽车行业有着悠久的失败史。

前面提到过，很多年前，凯迪拉克为了与奔驰竞争，推出了5万美元价位的亚兰特（凯迪拉克高端车型），遭受惨败。

我们也提到过，大众为了抢夺奔驰和宝马的生意，推出了6万美元的辉腾，同样没能成功。它们已经拥有了奥迪，为什么还要推出高价大众与奔驰、宝马去竞争呢？这些公司都没有明白一点：不是你想做什么，而是你的顾客允许你做什么，更进一步说，是你的顾客认知允许你做什么。

我在前面写到过，沃尔玛给顾客的认知就是低价，与高品质形象不符。塔吉特提供的则是"精品折扣"，因此人们把塔吉特视为提供精心设计的折扣商品的百货商店，顾客永远都不会相信沃尔玛里的精选商品值更多钱。

我还在前面写到过，关于丰田公司进入高端市场的经典成功案例。与凯迪拉克和大众不同的是，丰田避开了认知陷阱，为新车起名为雷克萨斯，还为之建立了全新的、豪华的经销体系，并一开始就有意把雷克萨斯经销点安置在距离丰田销售点至少10英里[⊖]远的地方。现在，雷克萨斯已然是美国顶级的豪华车，我猜想很多人并不知道雷克萨斯是丰田制造的，人们实际看到的是这两个品牌是完全独立运作的，这便是成功！

我现在以另外一种方式来解释。顾客为了应对产品爆炸式增长的压力，学会了在心智中给各种产品和品牌进行分类。可以把它直观

⊖ 1英里=1.6093千米。——译者注

地理解成为心智中的一架架梯子，梯子上的每一层梯级都对应一个品牌，而每一架梯子则代表着不同的产品类别。

有些梯子可能有好几层梯级（最多七层），根据大众对品类的兴趣，有些梯子根本没有梯级或者梯级很少（棺材就是一个没有梯级的梯子）。

一个竞争者要想增加自己的市场份额，要么用自己的品牌把梯子上面的品牌踢出局（这通常是一项不可能完成的任务），要么把自己的品牌与其他公司的品牌所在的位置建立关联。

但是，太多企业在做营销活动以及广告宣传时，无视竞争对手的位置。它们在真空中宣传自己的产品，却又因为产品信息传播失败而失望。

如果比你强的品牌根基牢固，而你又没有建立关联或运用定位战略的话，在消费者心智阶梯上往上爬是一件异常困难的事情。

广告商若想推出一种新的产品品类，就必须在消费者心智中引入一个新的梯子。

不要尝试把你的品牌同时放在两个不同的梯子上，人们无法接受这种安置方式。因此，你唯一的希望就是把现有的品牌留在原先的阶梯上，并推出一个新品牌进入高端市场。

其中的原理在于，一旦这些阶梯在人们心智中形成，他们就不愿再接受改变或者重新排列了。他们会说："我知道你是什么，我已经把你放在合适的位置上了。不要把问题搞复杂了。"

反过来却行得通，可以通过降价来降低品牌档次。很多年以前，一款名为帕卡德（Packard）的车成功地挑战了凯迪拉克，然后帕卡德决定推出更便宜的车型。那一年，帕卡德获得了极大的成功。不过这更像一场博弈，因为它永远不可能再销售高价帕卡德了。这个品牌已经不能再代表“声望”了。结果，凯迪拉克成为市场上高端顾客的首选。你要是下来了，就再也别想上去了。

没有什么比最近韩国现代（Hyundai）及其子品牌起亚（Kia）的工作力度更能戏剧化地体现“难以企及的高端市场”了。在美国市场上打拼的短短三年内，它们就已经历了四次管理层改组。问题在于，韩国管理层希望他们的品牌可以进入美国高端车的低价位市场，销售25 000美元价位的车型。美国的管理层已经通知首尔的高层，这两个品牌都不具备在此高价位段销售的实力，但这些警告都成了耳边风。可以预测的是：未来的销售难以成功，而且还会面临更多的管理层动荡。

大企业分裂症

《华尔街日报》刊登了一篇非常有趣的文章，标题是“大集团的难题”。它谈到了针对投资者的广告需要“在千人一面中突出个性”。

美国泰科（Tyco）、联合技术（United Technologies）公司，甚至通用电气等这类企业，是如何通过它们的多元化业务来吸引投资者的？回答是：非常困难。对这些业务本质问题的分析有一个更为准确的说法，即这些广告想要打动的客户得拥有多重人格才行。分析师也很难搞清楚这些患有分裂症的公司。“我该如何评估这些五花八门的业务呢？是买入、持有，还是卖出呢？”投资者遇到同样的问题又该如何做呢？也许你只喜欢其中某项业务而不喜欢其他的。这些都让人非常抓狂。

这是个老生常谈的问题了，很多美国公司就像拉手风琴一样，不断扩张、收缩它们的业务。起初，它们扩张并收购了很多不同的业务。多元化经营不错，但它们很快就意识到，不仅自己难以管理这些不同的事业，而且也难以应付日益加剧的竞争，就连华尔街也搞不懂这些商业模式。接下来，它们只好签署转让协议，出让这些事业单位。专注是对的，至少华尔街在短期内明白这点。

对这些出让行为的标准解释是："我们必须为母公司创造一个品牌。"企业喜欢用的另一个借口是：为了"使公众投资者和分析家了解我们的长远规划。"然而历史多次证明，这些斥资浩大的计划往往无法符合预期。

这些出让计划的真正原因，我称之为"鸡尾酒会困境"。设想一下：一家大企业的 CEO 现身在重大场合，有人问他："您现在就职于哪家公司？"当他说出了企业名后，对方一脸茫然，或许又会问道："那你们卖些什么呢？"这些问题会让 CEO 感觉很不自在。如果这种场面重复多次的话，相信我吧，这家企业很快就会开展一个"告诉大家我们是谁"的宣传活动。

我并不想大煞风景，但我确实认为这样的活动都是在浪费金钱。一家企业的目的在于为顾客提供产品和服务，而不是买卖股票。如果你把前者做好了，股票的事情自然就会好起来。

现在来看看我最喜欢的公司之一——联合技术。它在商界拥有很多优秀的品牌：开利空调（Carrier Air Conditioning）、奥的斯电梯、普惠喷气式引擎（Pratt & Whitney Jet Engines）和西科斯基直升机（Sikorsky Helicopters）。几项事业都做得不错，股价也比通用电气高出很多，但这些还不足以让它开心。因此，公司斥资 2000 万美元来启动企业推广活动，口号是："在这里，你可以找到想要的一切。"我并不确定这句话的意思，但可以肯定的是，每个购买它旗下品牌的顾客都不会太关注其母公司。事实上，恰恰相反的是，它所拥有的是一支强大的专家团队：开利、奥的斯和西科斯基，而它实际上又是空调、电梯和直升机行业的发明者与开创者。人们之所以对其印象深刻是因为将其视为专家品牌，而不是某个大集团公司中的某个成员。绝不要想着去削弱这种认知，因为顾客会认为精于一类的专家品牌才是最优秀的。

这正是通用电气的问题。它用同一个名字来命名一大堆业务，这样做就会把这些业务归于通才品牌，而通才品牌在竞争中是很容易输给专家品牌的（一些小家电专家品牌就把通用电气逐出了它们所在的小家电行业）。

但是不要认为我反对所有的企业宣传。联合技术就应该在《福布斯》这样的杂志上刊登有关"专家品牌的力量"之类的文章，以及它培育这些专家品牌并坚持这种战略的原因。此类宣传会让它有别于其他大集团公司。假如公众被这种战略所吸引，那么联合技术的股价就会上升。它的所作所为正是一家多元化企业的发展之道。

西尔斯能否得救

充满传奇色彩的零售品牌西尔斯遇到了麻烦。这家企业现在由对冲基金的总裁爱德华·兰伯特（Edward Lampert）所掌控，并且对外宣布了最新企业转型计划，其中包括原CEO的离职消息。兰伯特计划重组这个有着121年历史的老零售品牌，欲把它变成一个

的好处：安全、自由和繁荣。我敢打赌，此三者当中，繁荣会是最受欢迎的。照我看来，这才是一个明智的选择，这是应对恐怖主义的终极武器，因为恐怖主义行为对生意是非常不利的。

反毒品营销

减少毒品消费是美国历史上最持久、最不成功的营销案例。我前面提到过“为竞争对手重新定位”，现在我们把这个策略用于所谓的“反毒战争”上来，试着找出更好的解决办法。

很多美国人想要吸食毒品，我们也反复强调过，改变人们的想法有多么困难。

你如何减少对毒品的需求？“显而易见”的战略是把一个极为负面的概念与吸毒联系起来，这意味着，一个“重新定位”策略是极其必要的。

戴上营销头衔，设想你刚刚接到新任总统的电话，让你上任主持一项政府资助的宣传活动，以取代现行的一团糟且无法显著减少毒品需求的宣传方案。

显然，首先需要做一些调整才能取得进展，而目前获取一些进展又是迫切需要的。多年来在法律约束上的努力以及巨资投入被证明无效后，只有一种长期的方法才可以减少毒品在美国的交易量和食用量，即减少毒品需求。

减少供应会相应提高毒品的价格，潜在的丰厚利润会让毒品供应商甘愿铤而走险。由于这种产品成本极低而回报极高，经验表明，除了使毒品合法化，没有什么有效的方式能根除非法供应商。每端掉一个，就会有两个新的供应商从事毒品生意。因此，“什么才是有效的方法呢？”

首先，让我们快速地观察一下药物滥用的趋势。解决任何问题，都不要只盯着手边的产品，而应该从整个产品品类着手。我们称之为市场境况分析。

在这个案例中，吸烟为解决毒品问题提供了一个重要的参照。和毒品一样，抽烟也是把某种外部物质带入身体。吸烟同样使人上瘾，而且众所周知吸烟有害健康。事实上，已有报道说，在美国因吸烟致死的人数是吸毒致死人数的50倍。

香烟与毒品的主要区别在于，香烟合法，而且也是政府财政收入的重要来源。所以，即使几乎人人都知道吸烟有害健康，然而香烟的销量尽管呈下滑趋势，也没有出现显著的减少（现在，因吸烟致死的美国人的数量仍是因吸毒致死的45倍）。

这表明，告诉人们吸烟危害健康的说教方式，无法战胜烟草公司通过广告不断强化的吸烟形象。政府禁止烟草公司通过广播电视广告来宣传，虽然这影响了这个行业推出新品牌的能力，但烟草公司还是可以通过其他广泛的媒介形式来传播香烟的广告信息。

有了香烟的前车之鉴，你几乎可以断定，只要吸食毒品仍被看成“时髦”的行为，那么想要通过告诉人们“毒品有害健康”来显著减少毒品的需求是不会奏效的。这种情况正发生在每年花费5亿美元的广告宣传上，这些广告的大多数内容都是以不同方式在说“吸毒有害健康”。

控烟失败的经验教训说明，传统的“自上而下”地告诉人们，什么是对他们的健康有害的宣教方式很少奏效。换句话说，该是转移阵地的时候了。

看起来，对产品消费影响更大的是它所蕴含的社会信息（“二战”以前，每个好莱坞明星都在电影中抽烟，现在这种现象已极少了）。

这个洞察给我们提供了一个机会。与烟草生产商不同，毒品贩子不能利用广告来为其产品传播一种时尚的形象。相反，政府却可以利用广告宣传毒品已越来越过时了。

如果美国一如既往地贯彻下去的话，毒品的需求将会显著降低。在美国，某种产品一旦“过气”，销售就将停滞。现在需要做一个重要的决策：究竟使用哪个概念进行宣传才能让毒品变得过时？

当你研究这个问题时，脑袋里闪现出来的一个想法，显然就是采用“重新定位”策略。经广泛证实，吸食毒品是一条不归路。过量吸食毒品者有失去工作、朋友、家庭、自尊、自由甚至生命的危险。

仅需玩一个简单的文字游戏，就能打造出一把针对毒品交易商的“双刃剑”。可以在表现吸毒者社会形象的同时，指出吸毒的危害。

“显而易见”的概念是：毒品属于失败者。

一旦“毒品属于失败者”的认知确立起来，就会对毒品需求产生致命打击。如果美国人唾弃某件东西，它就是失败者。人们可以接受失败者，但是人们崇拜并希望成为成功者。

现在是时候通过寻找合适的人传播这个概念，从而把这个重新定位策略上升为国家战略了。最佳人选就是那些吸过毒的人或他们的亲人，由他们来讲述那些悲伤、动人的故事。最佳的媒介就是电视，通过电视可以达到震撼人心和产生情感共鸣的效果。

还可以邀请那些曾公开承认吸过毒的名人和体育明星参加这项

活动。例如，前垒球明星丹尼·麦克林（Denny McLain）可以讲述他是怎么进监狱以及失去人身自由的，约翰·贝鲁西（John Belushi）的妻子可以讲述她的丈夫是怎么死的，或者请里弗·菲尼克斯（River Phoenix）的亲人来描述他的死因。

在每则电视广告末尾，让讲述者对着镜头说："毒品属于失败者"。随着越来越多的名人和普通人传达这个信息，美国人就会开始明白，吸食毒品只会让你变得越来越失败，而不是成功。

当这种现象发生后，毒品的需求量将会开始减少，毒品交易的利润也会变得越来越薄。这一定会让有组织的毒品罪犯再三思量是否还值得为毒品铤而走险。

处在十字路口的中国品牌

在最近一次的中国之旅中，我有个很深刻的感触，那就是正在高速运转的中国制造机器，显然需要进行一次方向性的革新，以此来规避前方坎坷崎岖的道路。

作为主要针对OEM市场的低成本制造商，中国是名副其实的世界工厂，但是经济高速增长的同时也付出了高昂的代价。环境污染和能源短缺问题随之出现，同时质量的控制问题使得许多客户重新思考中国是否还是个值得信赖的供应商。"企业社会责任"这一课题使得政府要求企业为员工支付更高些的工资，以及企业如何管理好未来的增长，采取更多的控制手段。

这就是难点所在，这些问题只会不断增加中国制造的成本。这种变化会迫使中国工厂转向成本更低的内陆地区或其他国家进行生产，

IN SEARCH OF THE OBVIOUS

第 10 章

10

未来无法预测

寻找“显而易见”是基于当下，而非未来。你无法预测未来，也不应该试图预测。当下就是当下，未来就是未来。

对未来的错误预测

商业中一些代价巨大的错误都是缘于企业期望预测未来。历史上，各种对未来的错误预测充斥在生活的方方面面，现少举几例（摘自劳拉·李的书籍《糟糕的预测》）。

《思想的远足》的作者霍华德·莱茵戈德对21世纪的性爱有着独特看法。“到了2000年，人类可以享受更多独特的感官刺激，例如耳垂高潮、可替换性器官、超感官性爱和一系列让人痴狂的选择，让此类性爱进入一个新层次。”对不起，霍华德，一切还是老样子。

劳拉·李还引用了1979年《商业周刊》的文章：“鉴于已有50多个进口汽车品牌在美国市场上销售，日本汽车厂商不太会对美国市场产生多大影响。”约翰·福斯特·杜勒斯曾说：“日本人造不出美国人想要的汽车。”各位，对不起，日本车都快干掉我们了。

1974年，美国林业部对“未来休闲环境”进行了一项预测研究，它预测到1989年将禁止私人飞机使用大型机场，同时只有零

后记

寻找“显而易见”的精髓：简单

众所周知，“简单”从来不是一句赞美。如果被叫作“头脑简单”，那更是彻头彻尾的侮辱，这意味着你愚蠢、容易上当、判断力低下。因此，人们毫无疑问害怕简单。

我称之为“简单的魔咒”。

当我就此请教心理学专家时，他们的回答有些复杂（倒不奇怪）。耶鲁大学人际关系学院的约翰·科勒德描述了七种常见的恐惧，每个人都或多或少地存在几种：

- 恐惧失败
- 恐惧性
- 恐惧自卫
- 恐惧信任
- 恐惧思考
- 恐惧发言
- 恐惧孤独

可以看出，人们不愿让自己简单，或不愿找到简单解决问题的方法（源于第5项“恐惧思考”）。

问题在于，我们通常不依靠自己的思考，而是他人的思考做事（这就是为什么全球管理咨询业务量每年高达2000亿美元）。

科勒德博士还指出：“不仅由于思考问题是一件难事，很多人害怕的是思考本身。他们容易顺从，会倾向于遵循他人的观点，因为这样他们就省得自己思考了。人们对他人的脑力劳动形成依赖，一遇到麻烦就去问别人。”

苏珊·雅各比（Susan Jacoby）写了一本骇人听闻的书，名为《美国的非理性时代》。在书中，她写道：“我们的国家已经变成不愿思考的社会，陷入了无知、反理性和反知识主义纠缠在一起的病态中。”

这种对思考的恐惧给新闻业造成了深远的影响，甚至有人怀疑新闻业是否还有未来。

专栏作家理查德·瑞夫斯（Richard Reeves）认为，“新闻末日”可能正在来临。对于现代生活飞速变化的大量新闻，正在把人们逼疯。人们“不想看到错综复杂、情感纠缠的事情，因为这些故事不断提醒着人们挫败和无助感”。

瑞夫斯对人们日趋逃避复杂的判断是对的，人们不愿意思考。

这就是为什么“简单”的威力巨大。通过大力简化一个复杂的问题，你就会使人们不需太多思考，就能轻松下决定。想想辛普森弑妻案中，约翰尼·科克伦如何就这个复杂的案件提出一针见血的辩护：“如果手套不称手，就必须无罪释放。”

“将丑闻复杂化，你就能逃过指责”，演讲稿撰写人佩吉·努南（Peggy Noonan）在引述“白水事件”时说。与“水门事件”不同，“白水事件”没有公众一眼就能看明白的脉络。

但是，心理学家卡罗尔·穆格（Carol Moog）从另一个角度看待这一问题。她认为，在我们的文化中存在一种“疏漏偏执”心理，也就是说，由于使你陷入麻烦存在多种可能，所以你必须做好多种准备，绝不能在某事上疏忽大意，否则可能断送前程。

换句话说，假如你只有一个方案，而如果这个想法失败了，你就失去了保障。又因为我们都渴望成功，这种情况放大了第一种恐惧——“恐惧失败”。

如果只有一个简单的想法，人们会感觉不安。一大堆备选方案，能使人们多面下注，留有余地。

我们的传统教育和大部分管理培训，都教导我们要应对多种情况，找到多种选择方案，分析多个角度，这制造了令人发狂的复杂性。我们中最聪明的人往往会给出最复杂的建议。

不幸的是，当你开始寻求多种问题的解决方法时，你正在陷入无穷的混乱中。你的思维将陷入自相矛盾的境地，令人无所适从。简单则要求你缩小选择范围，回到一条路上来。

解决这种自然的恐惧感最好的方法，就是专注问题本身。这类似于芭蕾舞演员在做单脚旋转时，为了避免头晕，他们每一次回转时都盯着同一个物体。

当然，你必须找到真正需要专注的问题所在。

对沃尔沃来说，问题就是当其他对手抢占“安全”概念时，如何保证自身在这一定位上的领导地位，这再显而易见不过了。

对星巴克来说，问题在于如何说服顾客为一杯咖啡掏更多的钱，这再显而易见不过了。

对于报业来说，问题在于为何人们要通过阅读报纸而不是其他媒体了解新闻信息，这再显而易见不过了。

对于集团企业来说，问题在于如何打造出一系列强势品牌，否则人们不知道你是干什么的，这再显而易见不过了。

就是这么简单。如果你愿意运用你的常识，简化问题，你就能够找到显而易见的解决之道。如果你不能做到这一点，也可以向他人求助。

最后，我以一个鲜为人知的故事结束。很多年前，我参加了一场关于 IBM 企业形象的会议。他们的问题是，随着台式电脑的兴起，以“大型主机”建立认知的 IBM 变得过时。我的建议显而易见，既然 IBM 是唯一掌握全方位电脑技术的公司，它就能够以“电脑集成服务”建立定位，以这一新的定位概念替代“大型主机”认知。

会议结束了，我并不知道建议是否被采纳。我只了解到，在接下来的几年里，IBM 的技术服务部门执行了这个方案，从而挽救了 IBM，并使该部门的主管彭明盛成为现在的 CEO。

这是我所经历的体现“显而易见”威力最直观的案例。

参考文献

Abrahams, Jeffery. *The Mission Statement Book*. Berkeley, CA: Ten Speed Press, 1995.

Adams, Walter, and James W. Brock. *The Bigness Complex*. Stanford, CA: Stanford University Press, 1986.

Andrew, Ferguson. " Now They Want Your Kids," *Time*, September 29, 1997.

Bullmore, Jeremy. *Marketing Magazine*.

Collins, James, and Jerry Porras. *Built to Last*. New York: HarperCollins, 1994.

Covey, Stephen. *The 7 Habits of Highly Effective Families*. New York: Free Press, 1989.

Drucker, Peter. *The Essential Drucker*. New York: HarperCollins, 2001.

Drucker, Peter. *Seeing Things as They Really Are*. New York: Forbes, 1997.

Friedman, Thomas L. " Tone It Down a Notch..." *New York Times*, October 2, 2002.

Gladwell, Malcolm. *The Tipping Point*. Boston: Little, Brown & Co., 2000.

Hammer, Michael. *The Reengineering Revolution*. Cambridge, MA: Hammer and Co., 1948.

Hammer, Michael, and Steve A. Stanton. *The Reengineering Revolution*.

2nd ed. New York: HarperCollins, 1995.

Helm, Burt. "Which Ads Don't Get Skipped?"*BusinessWeek*, September 3, 2007.

Hoffman, Bob. *The Ad Contrarian*. San Francisco: Author, 2007.

Jacoby, Susan. *The Age of American Unreason*. New York: Random House, 2008.

Kim, W. Chan., *Blue Ocean Strategy*. Boston: Harvard Business School Publishing, 2005.

Lee, Laura, *Bad Predictions*. Rochester Hills, MI: Elsewhere Press, 2000.

Mintzberg, Henry, "Musing on Management." *Harvard Business Review*, July-August, 1996.

Nocera, Joe. "The Case of the Subpar Smartphone." *New York Times*, September 8, 2007.

Osborn, Alex F. *Applied Imagination*. New York: Charles Scribner & Sons, 1955.

Penn, Mark. *Microtrends*. New York: Twelve, 2007.

Peter, Lawrence J., and Raymond Hull. *The Peter Principle*. New York: William Morrow, 1979.

Peters, Tom. *In Search of Excellence*. New York: HarperCollins, 1982.

Petty, Richard, and John Cacioppo, *Attitude and Persuasion*. Boulder, CO: Westview Press, 1996.

Porter, Michael E. *On Competition*. Boston: Harvard Business

School Publishing, 1979.

Rheingold, Howard. *Excursions to the Far Side of the Mind*. New York: Beech Tree Books, 1989.

Ries, Al, and Jack Trout. *Marketing Warfare*. New York: McGraw-Hill, 1986.

Ries, Al, and Jack Trout. *Marketing Warfare*. 20th anniversary ed. New York: McGraw-Hill, 2000.

Ries, Al, and Jack Trout. *Positioning: The Battle for Your Mind*. New York: McGraw-Hill, 1981.

Ries, Al, and Jack Trout. *The 22 Immutable Laws of Marketing*. New York: HarperCollins, 1993.

Roberts, Kevin. *Lovemarks: The Future Beyond Brands*. Brooklyn, NY: powerHouse Books, 2004.

Shenk, David, *Data Smog*. New York: HarperOne, 1997.

Trout, Jack. *Big Brands. Big Trouble*. New York: John Wiley & Sons, 2001.

Trout, Jack, with Steve Rivkin. *Differentiate or Die*. New York: John Wiley & Sons, 2000.

Trout, Jack, with Steve Rivkin. *Differentiate or Die*. 2nd ed. Hoboken, NJ: John Wiley & Sons, 2008.

Trout, Jack, with Steve Rivkin. *The New Positioning*. New York: McGraw-Hill, 1996.

Updegraff, Robert R. *Obvious Adams: The Story of a Successful Businessman*. Louisville, KY: Updegraff Press, 1953.

附录 A

定位思想应用

定位思想
正在以下组织或品牌中得到运用

• 王老吉：6 年超越可口可乐

王老吉凉茶曾在年销售额 1 个多亿徘徊数年，2002 年借助“怕上火”的定位概念由广东成功走向全国，2008 年销售额达到 120 亿元，成功超越可口可乐在中国的销售额。

• 东阿阿胶：5 年市值增长 15 倍

2005 年，东阿阿胶的增长出现停滞，公司市值处于 20 亿元左右的规模。随着东阿阿胶“滋补三大宝”定位的实施，以及在此基础上多品牌定位战略的展开，公司重回高速发展之路，2010 年市值超 300 亿元。

……

劲霸男装、香飘飘奶茶、芙蓉王香烟、乡村基快餐、方太厨电、雅迪电动车、九阳豆浆机、乌江涪陵榨菜、会稽山绍兴酒、大长江集团（豪爵摩托）、立白集团、燕京集团、九龙斋酸梅汤、太阳纸业，等等。

• “棒！约翰”：以小击大，痛击必胜客

《华尔街日报》说“谁说小人物不能打败大人物？”时，就是指“棒！约翰”以小击大，痛击必胜客的故事。特劳特帮助它把自己定位成一个聚焦原料的公司——更好的原料、更好的比萨，此举使“棒！约翰”在美国已成为公认最成功的比萨店之一。

• IBM：成功转型，走出困境

IBM公司1993年巨亏160亿美元，特劳特先生将IBM品牌重新定位为“集成电脑服务商”，这一战略使得IBM成功转型，走出困境，2001年的净利润高达77亿美元。

• 莲花公司：绝处逢生

莲花公司面临绝境，特劳特将它重新定位为“群组软件”，用来解决联网电脑上的同步运算。此举使莲花公司重获生机，并凭此赢得IBM青睐，以高达35亿美元的价格售出。

• 西南航空：超越三强

针对美国航空的多级舱位和多重定价的竞争，特劳特将它重新定位为“单一舱级”的航空品牌，此举帮助西南航空从一大堆跟随者中脱颖而出，1997年起连续五年被《财富》杂志评为“美国最值得尊敬的公司”。

……

惠普、宝洁、汉堡王、美林、默克、雀巢、施乐、百事、宜家等《财富》500强企业、泽西联合银行、Repsol石油、ECO饮用水、七喜，等等。

附录B

企业家感言

如果说王老吉今天稍微有一点成绩的话，我觉得我们要感恩方方面面的因素，在这里有两位大贵人，这就是特劳特（中国）公司的邓德隆和陈奇峰。在我们整个发展的过程中，每一步非常关键的时刻，他们都出现了……其实，他们在过去的将近十年里一直陪伴着我们走过。

——加多宝集团（红罐王老吉）副总裁　阳爱星

特劳特战略定位理论能帮你跳出企业看企业，透过现象看本质，从竞争导向、战略定位、顾客心智等方面来审视解决企业发展过程中的问题。特劳特，多年来一直是劲霸男装品牌发展的战略顾问；定位理论，多年来一直是劲霸男装3000多个营销终端的品牌圣经。明确品牌定位，进而明白如何坚持定位，明确方向，进而找到方法，这就是定位的价值和意义。

——劲霸男装股份有限公司总裁　洪忠信

邓德隆的《2小时品牌素养》是让我一口气看完的书，也是对我影响最大的书，此书对定位理论阐述得如此透彻！九阳十几年聚焦于豆浆机的成长史，对照"定位理论"，竟如此契合，如同一个具体的案例！看完此书，我们更坚定了九阳的"定位"。

——九阳股份有限公司董事长　王旭宁

品牌，是市场竞争的基石，是企业基业长青的保证。企业在发展中的首要任务是打造品牌，特劳特是世界级大师，特劳特的定位理论指导了许多世界级企业取得竞争的胜利，学习后我们深受启发。

——燕京啤酒集团公司董事长　李福成

定位已经不是简单的理论和工具，它打开了一片天地，不再是学一个理论、学一个原理，真的是让自己看到了更广阔的天地。

——辉瑞投资公司市场总监　孙敏

好多年前我就看过有关定位的书，这次与我们各个事业部的总经理一起来学习，让自己对定位的理念更清晰，理解更深刻，对立白集团战略和各个品牌的定位明朗了很多。

——立白集团总裁　陈凯旋

在不同的条件下、不同的环境中，如何运用定位理论，去找到企业的定位，去实现这个战略，我觉得企业应该用特劳特的方法很好地实现企业的战略，不管企业处于哪个阶段，这个理论越早走越好。

——江淮动力股份公司总经理　胡尔广

定位的关键首先是确立企业的竞争环境，认知自己的市场地位，认清楚和认识到自己的市场机会，这样确定后决定我们采用什么样的策略，这个策略包括获取什么样的心智资源，包括如何竞争取舍，运用什么样的品牌，包括在品牌不同的生命周期、不同的生命阶段采用什么样的战术去攻防。总之，这是我所经历的最实战的战略课程。

——迪马实业股份公司总经理　贾浚

战略定位，简而不单，心智导师，品牌摇篮。我会带着定位的理念回到我们公司进一步消化，希望能够借助定位的理论帮助我们公司发展。

——IBM（中国）公司合伙人　夏志红

从事广告行业15年，服务了100多个著名品牌，了解了定位的相关理论后，回过头再一看：但凡一个成功的企业，或者一个成功的企业家，都不同程度地遵循并且坚持了品牌定位理论的精髓，并都视品牌为主要的竞争工具。我这里所说的成功企业，并不就是所谓的大企业（规模巨大或无所不能），而是拥有深深占领了消费者心智资源的强势品牌。这样的成功企业，至少能有很好的利润、长久的生存基础，因而一定拥有真正的竞争优势。

——三人行广告有限公司董事长　胡栋龙

定位理论对企业的发展是至关重要的，餐饮行业非常需要这样一个世界顶级智慧来做引导。回顾乡村基的发展历程，我已领悟到"定位"的重要性，在听了本次定位课程之后，有了更加清晰的认识和系统的理论基础，我也更有信心将乡村基打造成为"中国快餐第一品牌"！

——乡村基国际餐饮有限公司董事长　李红

心智为王，归纳了我们品牌成长14年的历程，这是极强的共鸣；心智战略，指明了所有企业发展的正确方向，这是我们中国的福音；心智定位，对企业领导者提出了更高的要求，知识性企业的时代来临了。

——漫步者科技股份公司董事长　张文东

定位的本质是解决占有消费者心智资源的问题。品牌的本质是解决心智资源占有数量和质量的问题。从很大意义上来说，定位是因，品牌是果。定位之后的系统整合和一系列营销活动，实际上是在消费者的大脑里创建或强化一种心智模式，或者是重新改善对待品牌的心智模式。当这种心智资源被占有到一定程度（可用销量或市场占有率来衡量），或心智模式已在较大市场范围明确确立时，则形成了品牌力，而品牌力即构成了竞争力的核心，品牌战略则是有效延续和扩大核心竞争优势的方针性举措。

——奇正藏药总经理　李志民

消费者“心智”之真，企业、品牌“定位”之初，始于“品牌素养”之悟！

——乌江榨菜集团董事长兼总经理　周斌全

盘点改革开放30多年来中国企业的成长史，对于定位理论的研究和运用仍然凤毛麟角。企业成败的案例已经证明：能否在大变动时代实现有效的定位，成为所有企业面临的更加迫切的问题。谁将赢得下一个30年？就看企业是不是专业、专注、专心去做自己最专长的事！

——西洋集团副总经理　仇广纯

格兰仕的成功印证了“品牌”对于企业的重要价值，能否在激烈的市场竞争中准确定位，已成为企业生存发展的关键。

——格兰仕集团常务副总裁　俞尧昌

推荐阅读

底层逻辑：看清这个世界的底牌

作者：刘润 著 ISBN：978-7-111-69102-0

为你准备一整套思维框架，助你启动“开挂人生”

底层逻辑2：理解商业世界的本质

作者：刘润 著 ISBN：978-7-111-71299-2

带你升维思考，看透商业的本质

进化的力量

作者：刘润 著 ISBN：978-7-111-69870-8

提炼个人和企业发展的8个新机遇，帮助你疯狂进化！

进化的力量2：寻找不确定性中的确定性

作者：刘润 著 ISBN：978-7-111-72623-4

抵御寒气，把确定性传递给每一个人

定位经典丛书

序号	ISBN	书名	作者
1	978-7-111-57797-3	定位（经典重译版）	（美）艾·里斯、杰克·特劳特
2	978-7-111-57823-9	商战（经典重译版）	（美）艾·里斯、杰克·特劳特
3	978-7-111-32672-4	简单的力量	（美）杰克·特劳特、史蒂夫·里夫金
4	978-7-111-32734-9	什么是战略	（美）杰克·特劳特
5	978-7-111-57995-3	显而易见（经典重译版）	（美）杰克·特劳特
6	978-7-111-57825-3	重新定位（经典重译版）	（美）杰克·特劳特、史蒂夫·里夫金
7	978-7-111-34814-6	与众不同（珍藏版）	（美）杰克·特劳特、史蒂夫·里夫金
8	978-7-111-57824-6	特劳特营销十要	（美）杰克·特劳特
9	978-7-111-35368-3	大品牌大问题	（美）杰克·特劳特
10	978-7-111-35558-8	人生定位	（美）艾·里斯、杰克·特劳特
11	978-7-111-57822-2	营销革命（经典重译版）	（美）艾·里斯、杰克·特劳特
12	978-7-111-35676-9	2小时品牌素养（第3版）	邓德隆
13	978-7-111-66563-2	视觉锤（珍藏版）	（美）劳拉·里斯
14	978-7-111-43424-5	品牌22律	（美）艾·里斯、劳拉·里斯
15	978-7-111-43434-4	董事会里的战争	（美）艾·里斯、劳拉·里斯
16	978-7-111-43474-0	22条商规	（美）艾·里斯、杰克·特劳特
17	978-7-111-44657-6	聚焦	（美）艾·里斯
18	978-7-111-44364-3	品牌的起源	（美）艾·里斯、劳拉·里斯
19	978-7-111-44189-2	互联网商规11条	（美）艾·里斯、劳拉·里斯
20	978-7-111-43706-2	广告的没落 公关的崛起	（美）艾·里斯、劳拉·里斯
21	978-7-111-56830-8	品类战略（十周年实践版）	张云、王刚
22	978-7-111-62451-6	21世纪的定位：定位之父重新定义“定位”	（美）艾·里斯、劳拉·里斯 张云
23	978-7-111-71769-0	品类创新：成为第一的终极战略	张云